Tanja Kraus / Eva Riegger-Kuhn

Materialien und Kopiervorlagen zu

Louis Sachar
Löcher

Hase und Igel®

Inhalt

www.hase-und-igel.de
Lektorat: Anna Schultes
Illustrationen: Marc Robitzky
Satz: Appel Grafik München GmbH

ISBN 978-3-86316-345-7
2. Auflage 2022

„Löcher“ – Das Buch im Unterricht

Das Buch

„Wenn du in einem Loch sitzt, musst du zuerst mit dem Graben aufhören.“ Hätte Louis Sachars Hauptfigur Stanley Yelnats dieses tibetische Sprichwort befolgt, wäre die Geschichte schnell erzählt gewesen. So muss der vom Pech verfolgte Protagonist für sein persönliches Wachstum zahlreiche Herausforderungen bewältigen. Dabei erscheint Stanleys Abenteuer in Camp Green Lake wie ein schicksalhafter Auftrag, um einen alten Familienfluch aufzulösen. Bevor das gelingt, muss er aber einige Löcher graben, denn zumindest die strengen Aufseher sind überzeugt: Das bildet den Charakter.

Louis Sachar bindet in seinen 1998 erschienenen Erfolgsroman „Löcher – Die Geheimnisse von Green Lake“ für Jugendliche bedeutsame Themen wie Identitätsfindung, Selbstvertrauen und Freundschaft ein. Gleichzeitig spielen Schicksal, Schuld, Ausgrenzung und Diskriminierung eine zentrale Rolle. Der Autor greift zudem theologische Aspekte auf. Deshalb eignet sich der Roman auch für einen fächerübergreifenden und fächerverbindenden Unterricht (z. B. Deutsch, Religion, Ethik, Englisch).

Geschickt verknüpft Louis Sachar mithilfe eines auktorialen Erzählers mehrere Episoden aus unterschiedlichen Zeiten miteinander: die märchenhafte Geschichte des verfluchten Ururgroßvaters, das Leben der Banditin Kissin' Kate Barlow sowie Stanleys Aufenthalt im Camp und seine Flucht. Rückblenden liefern Stück für Stück die Informationen, die der Leser braucht, um aus den einzelnen Handlungssträngen den großen Sinnzusammenhang zu erschließen. So erzeugt der Autor eine durchgängige Spannung, die zum Weiterlesen animiert. Obwohl die geschilderten Ereignisse oft grausam sind, ermöglicht die humorvolle Erzählweise einen leichten Zugang zum Roman.

Darüber hinaus werden Ihre Schüler die Hauptfigur schnell ins Herz schließen. Auch wenn ihnen die Situation in einer „Besserungsanstalt“ fremd sein wird, kennen sie es sicher aus eigener Erfahrung, dass im Leben nicht immer alles glattgeht. Deshalb fällt es nicht schwer, mit Stanley mitzufühlen und sich in seine Lage zu versetzen.

Der Jugendroman gliedert sich in drei unterschiedlich lange Teile. Diese wiederum sind in fünfzig meist kurze Kapitel unterteilt, was hilft, den Überblick zu bewahren. In Teil 1 verbringt Stanley Yelnats seine Zeit in Camp Green Lake. Obwohl er unschuldig ist, wurde er wegen Diebstahls verhaftet. Dabei hat er die Turnschuhe eines berühmten Baseballspielers nur mitgenommen, weil sie ihm auf den Kopf gefallen sind und sein Vater an einem bahnbrechenden Recyclingverfahren für gebrauchte Turnschuhe arbeitet. Deshalb hält Stanley seinen Fund für ein Zeichen. Der Richter lässt ihm die Wahl: Jugendgefängnis oder achtzehn Monate Camp Green Lake. Aus Unwissenheit entscheidet sich Stanley für das Camp in der texanischen Wüste. Schnell merkt er, dass er sich in die bestehenden Strukturen des Lagers für jugendliche Straftäter einfügen muss. Auf mysteriöse Weise ist Stanleys Familie mit dem Camp verbunden: An diesem Ort lebte einst die Lehrerin Katherine Barlow, die zu Kissin' Kate Barlow wird, nachdem Bewohner der Stadt ihren Geliebten, den dunkelhäutigen Zwiebelverkäufer Sam, ermordet haben. Die berüchtigte Banditin hat auch Stanleys Großvater überfallen. Seitdem sie Green Lake vor über hundert Jahren verlassen hat, hat es dort nicht mehr geregnet.

In Teil 2 hat Stanley in seinem Campmitbewohner Hector Zeroni, genannt Zero, einen Freund gefunden. Dies führt zu Rivalitäten mit den anderen Jungen aus Zelt D. Als die Situation im Lager eskaliert, flieht Zero. Stanley folgt ihm und begibt sich auf die Spuren seiner Familie. Indem er den geschwächten Zero auf den Berg trägt, auf dem sein Urgroßvater nach dem Raubüberfall überlebt hat, löst er den Familienfluch auf. So führt Stanley eine schicksalhafte Wendung im Leben aller Beteiligten herbei. Gemeinsam mit Zero gräbt er Kissin' Kates Beute aus, nach der die Chefin des Camps seit Langem gesucht hat.

In Teil 3 rundet der Erzähler die Geschichten der Familien Yelnats und Zeroni durch einen guten Ausgang der Geschehnisse ab.

Die amerikanische Originalausgabe erhielt in den USA zahlreiche renommierte Literaturpreise, u. a. den National Book Award in der Kategorie „Jugendbuch“. 2001 war der Roman für den Deutschen Jugendliteraturpreis nominiert. Unter dem Titel „Das Geheimnis von Green Lake“ wurde das Buch 2003 verfilmt.

Das Material

Im Fokus der Auseinandersetzung mit dem Roman steht der Protagonist Stanley. Kopiervorlagen zu wichtigen Stellen der Lektüre verdeutlichen seine Entwicklung sowie die Entstehung und Auflösung des Familienfluchs. Begleitet wird er dabei von seinem Freund Zero, dessen Familie ebenfalls mit dem Fluch verbunden ist. Das Material unterstützt Sie dabei, mit Ihren Schülern Stanleys Erfolge und Rückschläge herauszuarbeiten, zentrale Konfliktsituationen zu beleuchten und die zwischenmenschlichen Beziehungen zu untersuchen. Auch die Fähigkeit zur Distanz sowie die kritische Beurteilung von Ausgrenzung und Machtmissbrauch sind Kompetenzen, die die Jugendlichen im Unterricht weiterentwickeln.

Das Begleitmaterial ist als reichhaltiger Fundus konzipiert, aus dem Sie je nach Schwerpunktsetzung, Interesse und Kenntnisstand der Schüler auswählen können. Es gliedert sich in sieben Einheiten, wobei sich die ersten fünf am chronologischen Handlungsverlauf des Romans orientieren. Diese Abschnitte beinhalten jeweils eine Inhaltszusammenfassung zu den einzelnen Kapiteln. Darauf folgen didaktische Hinweise und Lösungen zu den Kopiervorlagen. Zudem enthält dieser Band zahlreiche Vorschläge für Gesprächs- und Schreibanlässe (z. B. Debatte, innerer Monolog) sowie Empfehlungen für eine kreative Beschäftigung mit anknüpfenden Themen (z. B. Werbespot, Anti-Mobbing-Plakat, Filmrezension). Auch Erläuterungen von Methoden und Ideen für den digitalen Unterricht sind integriert.

Direkt im Unterricht einsetzbare Kopiervorlagen schließen jede der sieben Einheiten ab. Die Arbeitsblätter aus dem sechsten Abschnitt eignen sich speziell für einen kapitelübergreifenden Einsatz. Aufgrund der Romanstruktur enthalten auch weitere Kopiervorlagen Verweise zu anderen Kapiteln. Daher erscheint das Lesen des gesamten Romans im Vorfeld sinnvoll, ist aber nicht zwingend erforderlich. Anregungen für die Beschäftigung mit der Verfilmung finden Sie im letzten Abschnitt.

Die Kopiervorlagen sind vorwiegend für die Jahrgangsstufen 6 bis 8 konzipiert. Für leistungsschwächere Schüler bieten sich folgende Differenzierungsmöglichkeiten an, die sich bei vielen Arbeitsblättern einsetzen lassen:

- Lösungsvorschläge aus dem Lehrerteil vorgeben (z. B. als Wortspeicher, Satzanfänge, Textbausteine).
- Eigene Stichworte und Wortspeicher erstellen.
- Vorgegebene Stichworte reduzieren, um z. B. Schreibanlässe zu vereinfachen.
- Inhaltliche Schwerpunkte setzen.
- Die Interessen der Schüler einbeziehen.
- Sprachliche Bilder klären.
- Vorlesen von Textstellen, um leseschwächere Schüler zu unterstützen.
- Sozialformen variieren, wenn Ihnen die Einzelarbeit für die Aufgabenstellung zu komplex erscheint (z. B. Unterrichtsgespräch).

Signets am oberen Seitenrand verdeutlichen den thematischen Schwerpunkt jeder Kopiervorlage:

Im Camp

Beziehungen

Macht

Zeichen und Wunder

Medien

Bitte beachten Sie, dass wir uns in diesem Materialband zur sprachlichen Vereinfachung für die männlichen Schreibweisen „Leser", „Lehrer" und „Schüler" entschieden haben. Selbstverständlich sprechen wir immer alle Geschlechter an.

Um Irritationen zu vermeiden, haben wir die Schreibweise „Mr.", „Mrs." und „Ms." aus dem Buch (24. Auflage 2019) übernommen, auch wenn laut „Duden" der Punkt im Deutschen entfallen müsste.

Wertvolle Erkenntnisse und Anregungen durch die Auseinandersetzung mit dem Roman, der Verfilmung und dem vorliegenden Material wünschen Ihnen und Ihren Schülern

Tanja Kraus und Eva Riegger-Kuhn

1. bis 5. Kapitel: Ankunft in Camp Green Lake

Inhalt

Teil 1: Sie betreten Camp Green Lake

(1) Camp Green Lake ist ein trockener und heißer Ort. Vor über hundert Jahren hat es dort den größten See in Texas und eine Stadt namens Green Lake gegeben. Heute graben die Campbewohner Löcher. Um sich von der anstrengenden Arbeit erholen zu können, lassen sich die Jungen sogar von Skorpionen oder Klapperschlangen beißen. Der Biss einer gelb gefleckten Eidechse hingegen bedeutet einen qualvollen Tod.

(2) Stanley Yelnats wird vom Richter gefragt, ob er ins Gefängnis oder lieber nach Camp Green Lake wolle. Stanley stammt aus ärmlichen Verhältnissen und ist noch nie in einem Ferienlager gewesen. Deshalb entscheidet er sich für das Camp.

(3) Stanley ist übergewichtig, hat keine Freunde und erlebt Mobbing in der Schule. Er wird für eine nicht begangene Tat verhaftet. Die Schuld dafür gibt er seinem Ururgroßvater: Weil dieser einer alten Frau ein Schwein gestohlen hat, sind alle Nachkommen verflucht. So hat Stanleys Urgroßvater an der Börse zwar ein Vermögen gemacht, ist dann aber von der Banditin Kissin' Kate Barlow ausgeraubt worden. Stanleys Vater ist ein erfolgloser Erfinder. Auch er macht den Fluch dafür verantwortlich. Nun sitzt Stanley mit einem bewaffneten Wachmann in einem Bus, der ihn ins Camp bringt. Bei seiner Ankunft wundert er sich über den fehlenden See.

(4) Der Wachmann bringt Stanley zu Mr. Sir. Der Wachmann und der Busfahrer bekommen etwas zu trinken, Stanley nicht. Mr. Sir übergibt Stanley die Anstaltskleidung und erklärt ihm, dass er jeden Tag ein Loch graben müsse: fünf Fuß tief und fünf Fuß im Durchmesser. Wenn er dabei etwas Interessantes finde, solle er es den Betreuern zeigen. Den Rest des Tages habe er frei. Mr. Sir betont, dass Green Lake kein Camp für Pfadfinderinnen sei. Es gebe keine Bewachung, weil Weglaufen ohnehin zwecklos sei. Stanley solle sich zudem daran gewöhnen, ständig Durst zu haben.

(5) Im Camp gibt es sechs Zelte. Stanley gehört zu Zelt D und lernt seinen Betreuer Mr. Pendanski kennen. Der nennt ihm die wichtigste Regel: „Ärger den Boss nicht!" Stanley begegnet den Jungen aus seiner Gruppe. Jeder hat einen Spitznamen. Ihm wird das Bett von Lewis zugewiesen, der Kotztüte genannt wird. Die Spitznamen der anderen lauten Torpedo, X-Ray, Magnet, Deo, Zickzack und Zero.

Unterrichtsschwerpunkte

- Informationen erschließen und auswerten
- Strukturen erkennen und darstellen
- Interpretationen durchführen

Zu den Kopiervorlagen

KV Seite 9

Willkommen in der Besserungsanstalt
Auf dieser Kopiervorlage zu den Kapiteln 1 bis 4 geht es um Stanleys Ankunft in Camp Green Lake. Klären Sie zunächst mithilfe des Gesprächsanlasses „Warum ist Stanley hier?" (siehe S. 7), was über die Gründe für Stanleys Aufenthalt bekannt ist. Leiten Sie danach zu Aufgabe 1 auf dem Blatt über. Hier arbeiten die Schüler die charakteristischen Besonderheiten des Camps heraus. Davon ausgehend vergegenwärtigen sie sich in Aufgabe 2 das Aufnahmeverfahren vor Ort. In der letzten Aufgabe lernen die Jugendlichen das Selbstverständnis der Pfadfinder kennen und setzen sich argumentierend mit der Aussage eines Campmitarbeiters auseinander.

Im Anschluss bietet sich eine kreative Aufgabe an: Die Schüler visualisieren Lage und Widrigkeiten des Camps, indem sie anhand der Ergebnisse aus den Aufgaben 1 und 2 „Camp Green Lake im Schuhkarton" gestalten (siehe S. 7).

Lösung
Aufgabe 1:
Mögliche Elemente der Umgebungskarte:
- ausgetrockneter See mit Felsen und Löchern (S. 7)
- wenig Schatten, verlassene und kahle Gegend (S. 7, S. 17)
- etwas abseits am Ostufer des „Sees": Hängematte zwischen zwei Eichen, dahinter Blockhütte (S. 7, S. 17)
- ein paar heruntergekommene Gebäude und einige Zelte (S. 17)
- kleines Gebäude mit zwei Schildern am Eingang (S. 17)
- Klapperschlangen und Skorpione (S. 7)

Aufgabe 2:
S. 19: Kleidung ausziehen, Körperkontrolle
S. 20: nur zwei Garnituren (alte) Kleidung, leere Trinkflasche
S. 20: jeden Tag ein Loch graben, Frühstück um halb fünf
S. 22: Wasserentzug

Aufgabe 3:
- Leben in und mit der Natur: Das Camp Green Lake ist von Wüste umgeben. Stanley kommt zwar mit der kargen Natur in Berührung, aber nur im negativen Sinne: Er muss täglich draußen arbeiten und ist den Gefahren der Natur (z. B. Eidechsen, Hitze) ausgesetzt.

- Eintreten für eine gerechte Welt: Für eine gerechte Welt kann Stanley nicht eintreten. Die Regeln im Camp sind streng und es drohen Konsequenzen.
- Frieden, Abbau von Ungerechtigkeit: Stanley schlagen Ablehnung und Verachtung entgegen. Dass er nichts zu trinken bekommt, ist eine erste Erfahrung von Willkür im Camp (S. 22).
- Demokratie lernen durch Handeln: Im Camp haben nur die Betreuer Macht. Niemand vertritt die Interessen der Bewohner. Es herrscht ein willkürliches Wertesystem vor, das keinen Schutz bietet.
- Learning by Doing (Lernen durch Ausprobieren), Mitbestimmung, Entscheidungen treffen: Stanley darf nichts ausprobieren, nicht mitbestimmen, keine eigenen Entscheidungen treffen. Alles im Camp ist vorgegeben, von der Kleidung bis zum Tagesablauf.

Bei den Pfadfindern berücksichtigt man die Bedürfnisse der Kinder und Jugendlichen. Sie werden gut behandelt und einbezogen. Insofern hat Mr. Sir mit seiner zynischen Feststellung recht, Stanley sei nicht bei den Pfadfinderinnen.

KV Seite 10

Familie Yelnats: Pech gehabt!

Im Fokus dieses Arbeitsblatts stehen Textanalyse und -interpretation. Die Schüler untersuchen zunächst die biografischen Besonderheiten und Gemeinsamkeiten innerhalb der Familie Yelnats. In Aufgabe 3 setzen sie sich mit dem Liedtext im Roman auseinander. Sie erschließen den Inhalt und übertragen den Sinngehalt auf Stanleys Situation. Im letzten Schritt erfolgt der Bezug zur Lebenswelt der Jugendlichen: Sie finden eine Redewendung mit ähnlicher Aussage.

Für starke Lerngruppen eignet sich der Gesprächsanlass „Specht oder Wolf?“ (siehe S. 7).

Lösung

Aufgabe 1:

- bisher unbekannt – Ururgroßvater – verflucht nach Diebstahl eines Schweins (S. 12)
- Stanley I. – Urgroßvater – Überfall durch Kissin' Kate (S. 15)
- Stanley II. – Großvater – keine Angabe
- Stanley III. – Vater – erfolgloser Erfinder (S. 13)
- Stanley IV. – unschuldig verurteilt (S. 12)

Aufgabe 2:

Name (S. 13 f.), Pechsträhne (S. 13 ff.), Einzelkinder (S. 14), geben die Hoffnung nicht auf (S. 14)

Aufgabe 3:

a) Der Specht benötigt viel Energie, um die harte Rinde vom Baum zu lösen. Er wünscht sich weniger Anstrengung. Wenn er sich zu sehr verausgabt, besteht die Gefahr, herunterzufallen und vom Wolf gefressen zu werden. Der Wolf wiederum klagt über seinen Hunger und hofft, dass er den Specht erbeuten kann. Diese Sehnsucht wird durch das Sinnbild „Mond“ ausgedrückt.

b) Stanley hadert – wie der Specht und der Wolf – mit seinem Schicksal: Wenn sein Urgroßvater nicht ausgeraubt worden wäre, würde seine Familie statt in einer winzigen Wohnung in einer Villa am Strand leben.

c) z. B. Wenn das Wörtchen „wenn“ nicht wär, wär mein Vater Millionär.

KV Seite 11

Die Jungen aus Zelt D

Beginnen Sie den Unterricht, indem Sie über Handzeichen ermitteln, wie viele Schüler einen Spitznamen haben. Notieren Sie die Anzahl. Fragen Sie nun, wie viele der Schüler mit Spitznamen diesen peinlich oder unangemessen finden. Schreiben Sie auch diese Anzahl auf. Alternativ bietet sich eine anonyme digitale Umfrage an, z. B. über „AnswerGarden“ (siehe Kasten auf S. 7) oder „Moodle“.

Leiten Sie dann zum Arbeitsblatt über, das sich mit den Spitznamen der Jungen aus Zelt D befasst. In Aufgabe 1 begeben sich die Schüler im Gitterrätsel auf die Suche nach den Spitznamen. Weisen Sie darauf hin, dass die Namen auch diagonal versteckt sind. Aufgabe 2 dient der Übersicht. Die Spitznamen sind für den weiteren Verlauf der Lektüre bedeutsam, da sie meist verwendet werden. Beachten Sie jedoch, dass Mr. Pendanski die Jungen bei ihrem tatsächlichen Namen ruft. Nicht klar ist zu diesem Zeitpunkt, ob „Zero“ nur ein Spitzname ist. (Eigentlich heißt der Junge Hector.) Bei Aufgabe 2c können die Schüler also in beide Spalten „Zero“ eintragen, eventuell mit Fragezeichen. Aufgabe 3 verdeutlicht exemplarisch an Mr. Pendanski, dass manchmal bestimmte Eigenschaften zu einem Spitznamen führen. Mithilfe der Lektüre (S. 26) können die Schüler zusätzlich die Namen X-Ray und Zero erläutern.

Runden Sie die Unterrichtsstunde mit dem Gesprächsanlass „Spitzname ‚Kotztüte‘“ ab (siehe S. 7).

AnswerGarden
AnswerGarden ist ein Web-Tool, um kurze Antworten, Ideen und Rückmeldungen von Schülern zu sammeln. Die Anzeige der eingegebenen Begriffe erscheint in Echtzeit in Form einer Wortwolke. Der Dienst ist kostenlos und erfordert keine Registrierung. Sie benötigen keine App und kein spezielles Programm. Legen Sie über die Internetseite *https://answergarden.ch* eine Frage an oder geben Sie ein Thema ein. Dazu klicken Sie auf „Create AnswerGarden". Wählen Sie dann das Brainstorming aus. Während die Schüler ihre Ideen, Stichworte oder Meinungen über ein Tablet abgeben, verteilen sich die Antworten auf der virtuellen Pinnwand wie bei einer Wortwolke.

Lösung
Aufgabe 1:

Q	Z	W	E	R	F	D	S	A	Y	B	N	M	D	H	L	O
B	I	D	M	I	G	K	O	T	Z	T	Ü	T	E	X	Z	T
O	C	E	O	E	U	H	F	O	D	F	G	H	O	J	E	G
J	K	A	X	R	V	L	K	R	Z	E	F	I	L	P	I	B
L	Z	U	F	R	M	G	W	P	O	K	T	Z	E	Y	P	O
M	A	G	Ä	M	A	G	N	E	T	P	S	F	E	J	D	K
S	C	Ü	T	U	P	Y	I	D	O	L	Ö	G	E	R	I	M
A	K	U	Z	L	K	D	F	O	S	D	A	T	Ü	L	O	I

Aufgabe 2:

Name	Spitzname
Theodore	Deo
Ricky	Zickzack
Lewis	Kotztüte [grüne Markierung]
José	Magnet
Rex	X-Ray
Alan	Torpedo
Zero	Zero

Aufgabe 3:
Die Jungen nennen Mr. Pendanski „Mom". Als Betreuer übernimmt er die mütterliche Rolle. Er kümmert sich darum, dass Stanley gut aufgenommen wird, und hat laut X-Ray „ein dickes, fettes, großes Herz" (S. 26).

Gesprächs- und Schreibanlässe

Warum ist Stanley hier?
Die Schüler sammeln ihre Leseerfahrungen mündlich oder schriftlich in einem Brainstorming. Visualisieren Sie die Ergebnisse als Gedächtnisstütze im Klassenzimmer.

Lösungsvorschlag:
„bewährtes" Resozialisierungsprogramm (S. 9), Mangel an Alternativen (S. 9), Naivität Stanleys und seiner Eltern („Feriencamp", S. 9 f.), unschuldig verurteilt (S. 12), „im falschen Moment am falschen Ort" (S. 12), der Fluch (S. 12), das Projekt des Vaters (S. 15)

Specht oder Wolf?
Im Zentrum steht die Frage, ob Stanley und seine Vorfahren aufgrund ihrer Lebensgeschichte eher dem Bild des Spechts oder des Wolfs entsprechen. Die Schüler begründen ihre Einschätzung.

Lösungsvorschlag:
- Specht: Alle Stanleys müssen sich anstrengen, um im Leben zu bestehen.
- Wolf: Alle Stanleys sehnen sich nach Erfolg und sind in ihrem Kampf um Anerkennung allein.

Alle Stanleys vereinen beide Sinnbilder in sich.

Spitzname „Kotztüte"
Führen Sie mit Ihren Schülern ein Blitzlicht zum Spitznamen „Kotztüte" durch.

Arbeitsauftrag:
Ergänze den Satz: „Wenn ich Kotztüte genannt werden würde, dann …"

Blitzlicht
Das Blitzlicht ist eine Feedback-Methode, die Stimmungen und Meinungen zu Inhalten und Beziehungen in einer Gruppe ermittelt. Die Schüler äußern sich kurz und prägnant zu einem klar eingegrenzten Thema oder einer Fragestellung. Die Antworten erfolgen spontan und bleiben unkommentiert.

Kreativ aktiv

Camp Green Lake im Schuhkarton
Die Schüler visualisieren ihre Vorstellung von Camp Green Lake. Dazu benötigt jeder einen Schuhkarton, (buntes)

Papier, Schere, Kleber, Wasserfarben, Wachsmalkreiden, Buntstifte etc.

Arbeitsauftrag:
Gestalte deine Vorstellung von Camp Green Lake im Schuhkarton. Nutze unterschiedliche Materialien und beziehe deine Notizen auf dem Arbeitsblatt „Willkommen in der Besserungsanstalt“ ein.

Willkommen in der Besserungsanstalt

Stanley steht vor Gericht und hat die Wahl: Gefängnis oder Camp Green Lake. Er wählt das Camp, das er für ein Ferienlager hält. Der Junge ahnt nicht, was ihn vor Ort erwartet.

1. Fertige anhand der Beschreibungen im Roman auf den Seiten 7 und 17 eine Umgebungskarte von Camp Green Lake an. Beschrifte sie mit passenden Begriffen.

2. Mr. Sir stellt klar: „Du bist hier nicht bei den Pfadfinderinnen.“ (S. 19) Welche Maßnahmen muss Stanley erdulden?

S. 19: ______________________________

S. 20: ______________________________

S. 20: ______________________________

S. 22: ______________________________

3. Diskutiert, ob Mr. Sir mit seiner Aussage auf Seite 19 recht hat. Begründet eure Meinung, indem ihr die folgenden fünf Punkte auf Stanley und das Camp bezieht.

Für Lord Robert Baden-Powell, Gründer der Weltpfadfinderbewegung, beinhaltet die Arbeit mit Kindern und Jugendlichen:

- Leben in und mit der Natur
- Eintreten für eine gerechte Welt
- Frieden, Abbau von Ungerechtigkeit
- Demokratie lernen durch Handeln
- Learning by Doing (Lernen durch Ausprobieren), Mitbestimmung, Entscheidungen treffen

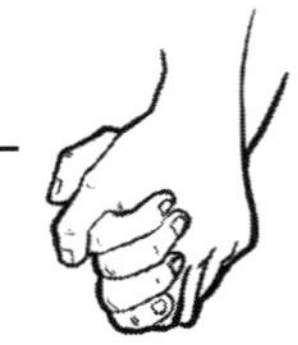

Familie Yelnats: Pech gehabt!

Auf der Fahrt ins Camp Green Lake denkt Stanley über seine Vorfahren nach und entdeckt prägende Gemeinsamkeiten.

1. In Kapitel 3 erfährst du, dass die Männer der Familie Yelnats viel Pech hatten.

a) Erstelle die Familienstruktur, indem du die Namen aller Stanleys in den Kästchen nummerierst und das Verhältnis zur Hauptfigur notierst.
b) Vervollständige die Spalte „Pech gehabt!“ mit den Dingen, die im Leben der Stanleys missglückt sind.

Name	Verhältnis zu Stanley	„Pech gehabt!“
bisher unbekannt	Ururgroßvater	______________________ ______________________
↓ Stanley ______		______________________ ______________________
↓ Stanley ______		______________________ ______________________
↓ Stanley ______		______________________ ______________________
↓ Stanley ______		______________________ ______________________

2. Notiere stichwortartig Gemeinsamkeiten, die die Nachfahren von Stanleys Ururgroßvater prägen (S. 13 / 14).

____

____

3. Der Liedtext auf Seite 13 zieht sich durch die Familiengeschichte der Yelnats.

a) Interpretiert den Inhalt des Liedtextes mündlich in der Klasse.
b) Die Strophe beginnt und endet mit „Wenn, ja wenn …“. Diese Worte werden auf Seite 15 erneut aufgegriffen. Erklärt den Zusammenhang.
c) Findet ein zeitgemäßes Sprichwort, das eine ähnliche Aussage hat.

Die Jungen aus Zelt D

Stanley lernt seine Zeltmitbewohner kennen. Alle haben seltsame Namen.

1. Markiere die sieben Spitznamen der Jungen im Gitterrätsel (S. 25/26).

Q	Z	W	E	R	F	D	S	A	Y	B	N	M	D	H	L	O
B	I	D	M	I	G	K	O	T	Z	T	Ü	T	E	X	Z	T
O	C	E	O	E	U	H	F	O	D	F	G	H	O	J	E	G
J	K	A	X	R	V	L	K	R	Z	E	F	I	L	P	I	B
L	Z	U	F	R	M	G	W	P	O	K	T	Z	E	Y	P	O
M	A	G	Ä	M	A	G	N	E	T	P	S	F	E	J	D	K
S	C	Ü	T	U	P	Y	I	D	O	L	Ö	G	E	R	I	M
A	K	U	Z	L	K	D	F	O	S	D	A	T	Ü	L	O	I

2. Lies die Seiten 24 bis 26.

a) Ordne den Jungen die passenden Spitznamen zu.
b) Kennzeichne den Namen des Jungen, an dessen Platz Stanley rückt, grün.
c) Ergänze die letzte Zeile mit dem Namen des Jungen, in dessen „Kopf absolut nichts drin ist" (S. 26).

Name	Spitzname
Theodore	
Ricky	
Lewis	
José	
Rex	
Alan	

3. Auch der Betreuer Mr. Pendanski hat von den Jungen einen besonderen Namen erhalten (S. 26/27). Nenne den Spitznamen und finde eine Begründung für seine Wahl.

6. bis 11. Kapitel: Mit Herausforderungen umgehen

Inhalt

(6) Am Abend glauben die anderen Jungen nicht, dass Stanley im Camp ist, weil er die Turnschuhe des Baseballspielers Clyde „Sweet Feet“ Livingston gestohlen haben soll. Vor dem Einschlafen denkt Stanley darüber nach, wie es wirklich war: Die Turnschuhe sind ihm auf den Kopf gefallen, als er unter einer Überführung hindurchlief. Zu diesem Zeitpunkt wusste er noch nicht, wem die übel riechenden Schuhe gehört haben. Da sein Vater an einem Recyclingverfahren für gebrauchte Turnschuhe arbeitet, nahm Stanley sie mit und wurde bei einer Polizeikontrolle verhaftet.

(7) Am nächsten Tag gräbt Stanley neben unzähligen Löchern sein erstes Loch und kehrt als Letzter zurück ins Camp. Eine Rückblende verdeutlicht, wie der Fluch entstanden ist: Stanleys Ururgroßvater Elya Yelnats stammt aus Lettland und ist in Myra verliebt. Doch auch der Schweinebauer Igor möchte Myra heiraten. Myras Vater will den Bewerber bevorzugen, der ihm das schwerste Schwein bringt. Elya bekommt von Madame Zeroni ein Ferkel geschenkt. Sie nennt ihm drei Bedingungen, die er erfüllen muss, damit es den Wettbewerb gewinnt. Elya verspricht Madame Zeroni, nicht nur das Schweinchen, sondern schließlich auch sie auf den Berg zu tragen, ihr aus der Quelle zu trinken zu geben und ihr ein Wiegenlied, das „Schweinelied“, vorzusingen. Falls Elya sein Versprechen nicht einlöst, würden seine Nachfahren verdammt werden. Weil Elya Madame Zeronis Anweisungen am letzten Tag aus Eitelkeit missachtet, ist sein Schwein gleich schwer wie das von Igor. Myra kann sich zwischen ihm und dem Schweinebauer nicht entscheiden. Deshalb ist Elya gekränkt und wandert, wie von Madame Zeroni empfohlen, nach Amerika aus. Er vergisst aber, zuvor sein Versprechen ihr gegenüber einzulösen. Vor dem Fluch fürchtet er sich nicht.

(8) In den Löchern muss man sich vor den gelb gefleckten Eidechsen in Acht nehmen. Sie haben eine grüngelbe Haut, auf der man ihre elf gelben Flecken kaum erkennt. Die Augen sind gelb mit rotem Rand, die Zähne schwarz und die Zunge ist milchig weiß. Mit ihren starken und kräftigen Beinen können die Eidechsen auch leicht aus den Löchern herausspringen und ihre Opfer angreifen. Ihr Biss ist tödlich.

(9) Nach dem Duschen stolpert Stanley im Aufenthaltsraum über ein ausgestrecktes Bein. Fast gerät er deshalb mit dem Jungen in einen Streit, aber X-Ray und Deo stehen ihm bei. In der Runde machen sie Witze über das Graben der Löcher. Auch Stanley bekommt einen Spitznamen: Höhlenmensch. Stanley fängt an, einen Brief an seine Mutter zu verfassen, und beschreibt darin Camp Green Lake positiv. Zero beobachtet ihn.

(10) Am nächsten Morgen fühlt sich Stanley erschöpft und sein Körper schmerzt. Beim Graben des zweiten Lochs findet er einen Stein, der wie ein Fossil aussieht. Stanley zeigt Mr. Pendanski seinen Fund. Dieser entgegnet, dass der Boss sich nicht für Fossilien interessiere. Stanley ist enttäuscht. Er bekommt den Rest des Tages nicht frei und die anderen Jungen machen sich über ihn und das Fundstück lustig.

(11) Stanley gräbt an seinem zweiten Loch weiter, als X-Ray mit ihm reden möchte. Zukünftige Fundstücke solle Stanley ihm geben. X-Ray sagt, dass er schon fast ein Jahr hier sei und noch nie etwas gefunden habe. Er könne nicht besonders gut sehen. Stanley stimmt der Abmachung zu. Da die Jungen ihn mit seinem Spitznamen ansprechen, fühlt er sich als Gruppenmitglied akzeptiert.

Unterrichtsschwerpunkte

- Hintergründe erschließen
- Alternativen durchdenken
- Konsequenzen abwägen
- Informationen in ein Bild übertragen
- die Perspektive wechseln

Zu den Kopiervorlagen

KV Seite 17

Eine Verkettung unglücklicher Umstände
Hier erschließen die Schüler die Geschehnisse, die zu Stanleys Aufenthalt in Camp Green Lake führen. Dazu vergegenwärtigen sie sich in Aufgabe 1 den zeitlichen Ablauf bis zur Verurteilung. Die Verständnissicherung ist für die weitere Auseinandersetzung wichtig, da spätere Kapitel des Romans auf diese Kenntnisse zurückgreifen bzw. diese voraussetzen. Aufgabe 2 spricht die Emotionalität der Jugendlichen an, weil jeder Mensch ein Grundbedürfnis nach Anerkennung hat. Diese Form der Akzeptanz erreicht Stanley bei seinem Idol nicht, denn der Baseballspieler urteilt unkritisch. Die Schüler arbeiten die möglichen Gründe für Clyde Livingstons moralisches Urteil heraus. In Aufgabe 3 diskutieren sie, wie die Verhandlung verlaufen wäre, wenn Stanley sich anders ausgedrückt hätte. Gehen Sie in diesem Rahmen eventuell auch näher auf das Strafsystem in Deutschland und den USA ein (siehe Lösung).

Führen Sie danach die Debatte „Ist Stanleys Strafe verhältnismäßig?“ durch (siehe S. 15), um die Kommunikationsfähigkeit zu stärken.

Lösung

Aufgabe 1:

Nr.	Inhalt
8	Stanleys Eltern konnten sich keinen Anwalt leisten, deshalb empfahlen sie ihrem Sohn, vor Gericht einfach die Wahrheit zu erzählen.
6	Es hatte sich herausgestellt, dass die Turnschuhe aus einem Heim für Straßenkinder gestohlen worden waren.
9	Der Richter sah Stanleys Tat als schändlich an, da der Wert der Schuhe bei über fünftausend Dollar lag und das Geld den Straßenkindern Essen und Unterkunft ermöglichen sollte.
7	Im Heim sollten Clyde Livingstons Schuhe für mehr als fünftausend Dollar versteigert werden, damit das Geld für die Straßenkinder ausgegeben werden kann.
10	Stanley hatte die Wahl zwischen Camp und Gefängnis, aber der Richter empfahl das Camp, weil es ihm zu einem besseren Charakter verhelfen könne.
2	Stanley verbrachte viel Zeit damit, sein Hausaufgabenheft aus der Toilette zu fischen, sodass er den Bus verpasste.
4	Für Stanley waren die Schuhe „ein Geschenk des Himmels“, denn er glaubte, dass sie der Schlüssel für die Erfindung seines Vaters, ein Recyclingverfahren für Turnschuhe, sein würden.
1	Derrick hatte Stanley am Tag seiner Festnahme wieder einmal gemobbt, indem er Stanley das Hausaufgabenheft weggenommen hatte.
3	Deshalb ging er zu Fuß und lief unter einer Überführung hindurch, als ihm ein Turnschuh auf den Kopf fiel.
5	Nachdem er losgerannt war, hielt ihn die Polizei an, nahm ihm die Schuhe ab, erkundigte sich über Funk und verhaftete Stanley schließlich.

Aufgabe 2:

Clyde Livingston geht davon aus, dass Stanley die Schuhe wirklich gestohlen hat. Sein Vorhaben, die Schuhe für einen guten Zweck zu versteigern, ist damit gescheitert. Deshalb zeigt er sich enttäuscht und unterstellt Stanley negative Charakterzüge.

Aufgabe 3:

Möglicherweise hätte Stanley die Wortwahl „Ich habe die Schuhe gefunden“ mehr Glaubwürdigkeit eingebracht. Dies sieht Stanley jedoch als Lüge an. Sein Problem ist, dass er keine Zeugen hat, die seine Aussage stützen. Hätte Stanley in Deutschland vor Gericht gestanden, so wäre bei unklarer Tatsachenlage unter Umständen im Zweifel für den Angeklagten (in dubio pro reo) entschieden worden.

In seiner Heimat hätte sich Stanley auf jeden Fall von einem guten Strafverteidiger vertreten lassen müssen. Stanleys Eltern hätten die Pflicht gehabt, einen Anwalt zu finden, der in Vorleistung geht und Ratenzahlung akzeptiert. In den USA bringen nämlich nicht die Richter, sondern die Rechtsanwälte die Verhandlung voran. Dadurch hat der Richter generell weniger Kontrolle über den Verlauf des Prozesses. Die Wahrheit soll durch die Anwälte nach dem sogenannten „Streitsystem“ ans Licht kommen. Somit hätte Stanleys Verteidiger berechtigte Zweifel am Vorwurf des Diebstahls äußern müssen.

KV Seite 18

Verflucht!

Beginnen Sie die Unterrichtsstunde mit der Aufgabe „Heirate mich!“ aus der Rubrik „Kreativ aktiv“ (siehe S. 16). Leiten Sie dann zum Arbeitsblatt über. Es befasst sich damit, wie es zum Fluch kam, der über Familie Yelnats liegt. Die Schüler erschließen die komplexe Geschichte anhand einer vorgegebenen Struktur.

Das „Auf-den-Boden-Spucken“ verbindet die beiden Handlungsstränge um Elya und Stanley. Die Schüler erkennen diesen Zusammenhang mithilfe des Gesprächs- und Schreibanlasses „Spucke der Hoffnung?“ (siehe S. 15).

Lösung

- Madame Zeronis Forderungen für das Schwein = Madame Zeronis persönliche Forderungen:
  a) auf den Berg tragen (S. 42)
  b) aus der Quelle trinken (S. 42 f.)
  c) das Lied vorgesungen bekommen (S. 42 f.)
- Wenn Elya die Forderungen nicht erfüllt, dann sind er und seine Nachfahren bis in alle Ewigkeit verflucht. (S. 43)
- Elyas Fehler: Er möchte gut riechen, wenn er zu Myra geht, und trägt das Schwein einmal zu wenig auf den Berg. (S. 45)
- Konsequenz: Elyas und Igors Schweine sind gleich schwer. (S. 45)
- Myras Reaktion: Ein Auswahlspiel soll über den Bräutigam entscheiden. (S. 48)
- Elyas Reaktionen:
  a) Er lehnt Myras Spiel ab. (S. 48)
  b) Er schenkt Myra das Schwein zur Hochzeit mit Igor (S. 48)

c) Er erfüllt Madame Zeronis persönliche Forderungen nicht. (S. 50)
d) Er wandert nach Amerika aus. (S. 50)

- Elyas Gefühle:
  a) Er hat keine Angst vor dem Fluch. (S. 50)
  b) Er hat ein schlechtes Gewissen gegenüber Madame Zeroni. (S. 50)

KV Seite 19

Eidechsen

Die Kopiervorlage beschäftigt sich mit den gelb gefleckten Eidechsen, die eine zentrale Rolle im Roman spielen. Ob diese Art tatsächlich existiert, ist nicht eindeutig feststellbar. Einige Merkmale erinnern an die Gila-Krustenechse, die in den Trockengebieten des südwestlichen Nordamerika vorkommt. Im Buch muss das Tier aber eher als fantastisches und symbolhaftes Element betrachtet werden.

Die gestalterische Aufgabe 1 veranschaulicht das Aussehen und unterstützt das Vorstellungsvermögen der Schüler. Gleichzeitig lernen sie, geschriebene Informationen in ein Bild zu übertragen. Hierbei ist Aufmerksamkeit geboten, da der Erzähler seine Angabe zu den angeblich roten Augen korrigiert: Eigentlich sind sie gelb und haben einen roten Rand (S. 56). Bei der Gestaltung von Zähnen und Zunge sind die Schüler frei (außer bei den Farben, siehe Lösung).

In Aufgabe 2 sammeln die Jugendlichen ergänzende Informationen über die Eidechse. Anschließend erkennen sie, dass Äußerlichkeiten und Farben eine bestimmte Wirkung erzielen (Aufgabe 3). In Aufgabe 4 arbeiten die Schüler einen ersten Charakterzug von Mr. Sir heraus, der die Eidechsen füttert.

Zur Vertiefung der Unterrichtsstunde eignet sich der Gesprächsanlass „Symboltier Eidechse“ (siehe S. 16).

Lösung

Aufgabe 1:
Elemente, die in der Zeichnung sichtbar werden sollen: grüngelbe Haut, elf gelbe Flecken, große gelbe Augen, rote Haut um die Augen herum, schwarze Zähne, milchig weiße Zunge, kräftige Beine

Aufgabe 2:
- Größe: sechs bis zehn Zoll (1 Zoll = 2,54 cm)
- Ihr Biss ist tödlich.
- Sie bewohnt Löcher, um sich vor Sonne und Raubvögeln zu schützen.
- Sie lebt in Gruppen von bis zu zwanzig Eidechsen.
- Nahrung: kleine Tiere, Insekten, Dornen, Schalen von Sonnenblumenkernen

Aufgabe 3:
z. B. Sie wirkt …
- teuflisch / angsteinflößend / böse / schrecklich, weil sie gelbe Augen mit roten Rändern und schwarze Zähne hat.
- giftig, weil sie eine gelbgrüne Haut hat.

Aufgabe 4:
Mr. Sir unterstützt das Überleben des „Bösen“, weil er die Eidechsen mit Schalen füttert.

KV Seite 20

Ein Fund – ein Wunder?

Das Arbeitsblatt fördert das Textverständnis und thematisiert den Begriff „Wunder“. Ausgehend von einer Textstelle erschließen die Schüler in Aufgabe 1 Stanleys vermeintliches Wunder, den Fund eines Fossils. In Aufgabe 2 verdeutlichen sie sich den Prozess, wie Stanley zwar zu Anerkennung in der Gruppe gelangt, dabei aber eine Erpressung akzeptiert. Dazu formulieren sie den Dialog zwischen Stanley und X-Ray in eigenen Worten. Abschließend erkennen die Schüler, dass Stanley im Camp tatsächlich ein kleines Wunder widerfahren ist (Aufgabe 3).

Lösung

Aufgabe 1:
a) Stanley findet einen versteinerten Fisch.

b) Das Graben des zweiten Lochs fällt Stanley schwer. Er hat die Hoffnung, einen Tag freizubekommen. Damit wäre er vom Graben erlöst.

c) Stanleys Fund ist kein Wunder. Er zeigt den Fisch Mr. Pendanski, bekommt aber keinen Tag frei, weil sich der Boss nicht für Fossilien interessiert.

Aufgabe 2:
X-Rays Forderung: Den nächsten Fund gibst du mir. (S. 69)
X-Rays Begründung: Ich verdiene den freien Tag, weil ich schon länger hier bin. (S. 70)
→ Stanleys Reaktion: Das ist in Ordnung. (S. 70)
→ X-Rays Reaktion: So ist es richtig, Höhlenmensch. (S. 70)
Stanleys Begründung für seine Reaktion: Wenn ich überleben will, muss X-Ray mich mögen. (S. 70)

Folge für Stanley: Ich bekomme zwar keinen freien Tag, aber immerhin auch keinen Ärger. (S. 70)

Aufgabe 3:
Stanley ist immer ein Außenseiter gewesen und wurde in der Schule von anderen Jungen schikaniert. Im Camp dagegen akzeptieren ihn die anderen. Somit ist für ihn ein kleines Wunder geschehen.

Gesprächs- und Schreibanlässe

Ist Stanleys Strafe verhältnismäßig?
Bei diesem Gesprächsanlass debattieren Stanley, Stanleys Eltern, Stanleys Schulleiter, der Richter, ein Polizist und Mr. Sir, ob die Strafe für den Jungen verhältnismäßig ist. Die Rollen der Redner lassen sich z. B. durch ein Losverfahren ermitteln. Folgender Ablauf eignet sich für die Debatte:

- Eröffnungsrunde (Phase 1): In dieser Phase sammeln die Schüler Argumente für die freie Aussprache. Jeder Teilnehmer beantwortet innerhalb einer Minute die Streitfrage aus seiner Position. Dabei sprechen die Pro- und Kontra-Redner im Wechsel.
- freie Aussprache (Phase 2): Sie dient dazu, die Argumente zu klären und abzuwägen. Maximal zwölf Minuten debattieren die Teilnehmer im freien Wechsel ohne Gesprächsleiter. Sie hören genau zu, damit sie aufeinander Bezug nehmen können. Die Schüler arbeiten Gemeinsamkeiten und Unterschiede der Standpunkte heraus, geben die eigene Position jedoch nicht auf.

  Leitgedanken für die freie Aussprache:
  – In welchen Punkten sind wir uns einig?
  – Welche Aspekte bewerten wir unterschiedlich?
  – Welche Interessen, Werte oder Abwägungen werden die Debatte letztlich entscheiden?

- Schlussrunde (Phase 3): Hier wird die Streitfrage nochmals gestellt und unter Berücksichtigung der bis dahin geführten Debatte erneut beantwortet. Jeder Teilnehmer hat dazu wieder maximal eine Minute Redezeit, in der er seine abschließende Position präsentiert. In einer kurzen Zusammenfassung benennen die Schüler die wichtigsten Argumente und bestätigen oder verändern ihre eigene Meinung.

  Leitsätze für die Schlussrunde:
  – Diese Debatte hat meine Meinung bestätigt/verändert, weil …
  – Wichtig war für mich folgender Punkt: … Das ist entscheidend, weil …
  – Zielsatz: Darum bin ich jetzt/immer noch für/gegen …

Weitere Informationen finden Sie z. B. unter *www.isb.bayern.de/download/19433/argumentieren_und_debattieren_internet.pdf.*

Spucke der Hoffnung?
Spucke und die Geste des „Auf-den-Boden-Spuckens" haben sowohl positiv als auch negativ konnotierte Bedeutungen. Die Schüler erfassen die verschiedenen Auslegungsmodelle und interpretieren drei Textstellen. Führen Sie zunächst ein Brainstorming zum Begriff „Spucke" durch. Visualisieren Sie die Äußerungen im Klassenzimmer. Besprechen Sie die Ergebnisse und ergänzen Sie diese ggf. durch folgende Informationen:

- Spucke ist unhygienisch und erzeugt Ekel.
- Spucke gilt als Ausdruck von Nichtachtung.
- Spucken ist ein Angriff auf die Würde einer Person.
- Fußballspieler spucken seit Generationen auf den Rasen.
- In arabischen Ländern ist es eine übliche Praxis, auf die Straße zu spucken.
- In vielen Religionen sagt man der Spucke eine heilende Wirkung zu. Auch in der Bibel gilt sie als „heilende Flüssigkeit", die es vermag, böse Blicke fernzuhalten und Flüche abzuwenden.
- In der spirituellen Welt wird Spucke die Fähigkeit zugesprochen, vor negativen mentalen Einflüssen zu schützen.

Unter Berücksichtigung dieser Informationen interpretieren die Schüler folgende Textstellen:

- S. 41: „Madame Zeroni spuckte auf den Lehmboden."
- S. 51: „Einen nach dem anderen sah Stanley die Jungs in ihre Löcher spucken und sich auf den Rückweg zum Camp machen."
- S. 55: „[Stanley] wusste, dass es nichts war, worauf man stolz sein konnte, aber er war trotzdem stolz. Er sammelte sein letztes bisschen Speichel zusammen und spuckte [in sein Loch]."

Lösungsvorschlag:

- Madame Zeronis Spucken ist einerseits als Verspottung und Verachtung Myras zu deuten, andererseits als heilbringendes Zeichen für Elya, dem sie zur Auswanderung und der damit verbundenen guten Zukunft rät.
- Die Jungen spucken am Ende in ihre Löcher, um ihren Arbeitstag zu beenden. Diese Handlung kann im positiven Sinne als „Wir haben es geschafft" verstanden werden, aber auch im negativen als „Verachtung des Lochs".

- Stanley spuckt mit Stolz in sein Loch und freut sich, dass er es geschafft hat.

In allen drei Fällen kann man die Spucke als hoffnungsvolles Element deuten: Madame Zeroni hofft, dass Elya glücklich wird. Die Jungen hoffen, dass sie das Camp bald verlassen dürfen. Stanley hofft, dass er weiter durchhält.

Quellen:
https://www.juedische-allgemeine.de/glossar/spucken/
https://traum-deutung.de/spucken/
https://www.focus.de/reisen/service/fuenf-verhaltens tipps-fuer-reisende-was-urlauber-in-arabischen-laendern-niemals-tun-sollten_id_9938170.html
https://www.spiegel.de/gesundheit/ernaehrung/mythos-oder-medizin-warum-spucken-fussballer-a-973616.html

Symboltier Eidechse
Die Schüler gewinnen neue Erkenntnisse zur tieferen symbolischen Bedeutung der Eidechse. Visualisieren Sie den folgenden Infotext inklusive Arbeitsauftrag im Klassenzimmer: „Eidechsen mögen Licht, Wärme und Sonne. Sie erscheinen als Sinnbild der Seele, die auf der Suche nach Erkenntnis ist. Seit Jahrhunderten symbolisiert die Eidechse in verschiedenen Religionen und Kulturen Wiedergeburt, Auferstehung und Erneuerung."

Arbeitsauftrag:
Die Eidechse ist ein Tier mit Symbolcharakter. Lest den Infotext und diskutiert, inwiefern die Beschreibung zum Roman passt.

Lösungsvorschlag:
Die gelb gefleckten Eidechsen leben in einer warmen Gegend, in der sie permanent Licht und Sonne ausgesetzt sind. Allerdings suchen sie im Roman „Schutz vor der Sonne" (S. 57), was bedeuten könnte, dass sie ihre erneuernde Wirkung (noch) nicht ausüben. Die Jungen befinden sich auf der Suche nach Erkenntnis: Sie haben die Aufgabe, ihr Leben zu verändern bzw. zu verbessern. Dies soll durch das Graben der Löcher geschehen, in denen die Eidechsen leben. Dazu passen auch die Themen Wiedergeburt, Auferstehung und Erneuerung. Das Graben lässt sich als eine Art Buße verstehen. Ob es tatsächlich „die Seele befreit" und dabei hilft, einen neuen Lebensabschnitt zu beginnen, darf jedoch bezweifelt werden.

Quellen: *https://www.pressenet.info* (Suchbegriff: Eidechse), Herder-Lexikon „Symbole"

Kreativ aktiv

Heirate mich!
Zwei Männer möchten Myra Menke heiraten: Elya und Igor. Teilen Sie die Klasse in zwei Gruppen ein. Gruppe A übernimmt die Rolle „Elya", Gruppe B die Rolle „Igor".

Arbeitsaufträge:
- Gestaltet einen Steckbrief zu Elya oder Igor (S. 39/40) aus der Ich-Perspektive. Berücksichtigt folgende Angaben: Name, Alter, Geburtsland, Beruf, Freizeitbeschäftigung, Aussehen, Angebot für Myra.
- Präsentiert euren Steckbrief und haltet um Myras Hand an.

Lösungsvorschlag:
- Ich heiße Elya Yelnats, bin fünfzehn Jahre alt und komme aus Lettland. Meine Freizeit verbringe ich gerne mit Madame Zeroni, um ihre Geschichten zu hören. Ich möchte Myra heiraten, weil ich ihr ein Herz voller Liebe schenken kann.
- Ich heiße Igor Barkov, bin siebenundfünzig Jahre alt und von Beruf Schweinebauer. Ich habe eine ewig rote Nase und dicke Pausbacken. Für Myra möchte ich mein fettestes Schwein geben.

Eine Verkettung unglücklicher Umstände

Ein Junge aus dem Camp fragt Stanley nach dem Grund für seinen Aufenthalt. Stanley denkt daraufhin noch einmal über die Geschehnisse nach.

1. Lies Kapitel 6. Rekonstruiere die Handlungsschritte.

a) Bringe die Ereignisse in die richtige Reihenfolge, indem du sie von 2 bis 10 nummerierst.
b) Vervollständige die Sätze in deinem Heft.

Nummer	Inhalt
	Stanleys Eltern konnten sich keinen Anwalt leisten, deshalb empfahlen sie ihrem Sohn, …
	Es hatte sich herausgestellt, dass die Turnschuhe …
	Der Richter sah Stanleys Tat als schändlich an, da …
	Im Heim sollten Clyde Livingstons Schuhe für mehr als fünftausend Dollar versteigert werden, damit …
	Stanley hatte die Wahl zwischen Camp und Gefängnis, aber der Richter …
	Stanley verbrachte viel Zeit damit, sein Hausaufgabenheft aus der Toilette zu fischen, sodass …
	Für Stanley waren die Schuhe „ein Geschenk des Himmels“, denn …
1	Derrick hatte Stanley am Tag seiner Festnahme wieder einmal gemobbt, indem …
	Deshalb ging er zu Fuß und lief unter einer Überführung hindurch, als ihm …
	Nachdem er losgerannt war, …

2. Stanley zeigt sich vor Gericht tief getroffen. Sein Vorbild hält ihn für einen „elenden, nichtsnutzigen Dieb“ (S. 31). Warum hat Clyde Livingston diesen Eindruck von Stanley?

3. Was wäre gewesen, wenn Stanley vor Gericht ausgesagt hätte, dass er die Schuhe auf der Straße gefunden hat (S. 34)? Diskutiert.

Verflucht!

Während Stanley sein erstes Loch gräbt, wird die Geschichte seines Urgroßvaters Elya erzählt. Er und Igor möchten die „schöne Myra“ heiraten und treten in einen Wettkampf um das fetteste Schwein. Madame Zeroni unterstützt Elya, indem sie ihm ein Ferkel schenkt.

Rekonstruiere aus der Geschichte des Urgroßvaters, wie der Fluch der Familie Yelnats entstanden ist. Lies die Seiten 39 bis 50.

Madame Zeronis Forderungen für das Schwein

Madame Zeronis persönliche Forderungen:

a) ______________________________

b) ______________________________

c) ______________________________

____

Wenn Elya die Forderungen nicht erfüllt, dann …

____

____

Elyas Fehler:

____

____

Konsequenz:

____

____

Myras Reaktion:

____

____

Elyas Reaktionen:

a) ______________________________

b) ______________________________

c) ______________________________

d) ______________________________

Elyas Gefühle:

a) ______________________________

b) ______________________________

Eidechsen

Kapitel 8 widmet sich den Eidechsen, die in den ausgehobenen Löchern im Camp leben.

1. Gestalte und ergänze die Eidechse anhand der Beschreibungen auf den Seiten 56 / 57.

2. Notiere drei weitere Informationen über die Eidechse, die nicht im Bild sichtbar sind.

____

____

____

3. Wie wirkt die Eidechse auf dich? Wähle ein Adjektiv und begründe deine Wahl.

Sie wirkt ____________________, weil ______________________________

____

4. Setze die Textstelle in einen Zusammenhang mit den Ergebnissen des Arbeitsblatts.

„[Mr. Sir] warf sich ein paar Sonnenblumenkerne in den Mund, entfernte geschickt mit den Zähnen die Schalen und spuckte sie in Stanleys Loch." (S. 44)

____

____

____

____

Ein Fund – ein Wunder?

Der Alltag im Camp ist eintönig. Doch dann passiert etwas beim Graben.

1. Der Erzähler stellt fest: „Das war das Wunder, er hatte es gefunden.“ (S. 66)

a) Notiere, worin das Wunder besteht (S. 66).

b) Erkläre, warum Stanley ein Wunder benötigt (S. 65/66).

c) Ist Stanleys Fund ein Wunder? Begründe mithilfe des Romans (S. 68).

2. In Kapitel 11 spricht der Gruppenanführer X-Ray Stanley auf sein Fundstück an. Rekonstruiere die Szene in eigenen Worten aus der Perspektive der beiden Jungen.

X-Rays Forderung:

X-Rays Begründung:

→ Stanleys Reaktion:

→ X-Rays Reaktion:

Stanleys Begründung für seine Reaktion:

Folge für Stanley:

3. Stanley erinnert sich an seine Schulzeit (S. 71 / 72). Erörtere, ob er durch den Kontakt mit den anderen Jungen im Camp letztlich nicht doch ein kleines Wunder erlebt.

12. bis 28. Kapitel: Schicksalhafte Begegnungen

Inhalt

(12) Erneut kehrt Stanley als Letzter von der Arbeit ins Zelt zurück. Dort sitzen Mr. Pendanski und die Jungen im Kreis und sprechen über das Leben nach dem Camp. Weil Magnet keinen Berufswunsch hat, sollen die anderen Vorschläge machen. Mr. Pendanski sagt, dass man mit Willensstärke viel erreichen könne. Auf die Frage, wer für seine jetzige Situation verantwortlich sei, nennt Stanley – zum großen Vergnügen der anderen Jungen – seinen Ururgroßvater. Schließlich fragt Mr. Pendanski Zero, was er gerne tue. Zero antwortet, dass er gerne Löcher grabe.

(13) Seit fast zwei Wochen ist Stanley im Camp, was körperliche Spuren bei ihm hinterlassen hat. Beim Graben entdeckt er ein kleines Goldröhrchen, auf dessen Unterseite ein Herz mit den Buchstaben KB eingraviert ist. Er händigt X-Ray das Röhrchen aus und rät ihm, es Mr. Pendanski erst am nächsten Morgen zu zeigen. Dann könne er nicht nur wenige Stunden, sondern einen ganzen Tag freihaben. Zum Dank darf Stanley in der täglichen Warteschlange vor dem Wasserwagen einen Platz nach vorn rücken.

(14) Am nächsten Morgen meidet X-Ray Stanley. Die Jungen gehen ihrer täglichen Arbeit nach. Nachdem Mr. Pendanski die Wasserflaschen aufgefüllt hat, gibt X-Ray vor, das Röhrchen gerade eben gefunden zu haben. Mr. Pendanski holt den Boss, eine große rothaarige Frau. Sie beauftragt Mr. Pendanski, die Flaschen der Jungen noch einmal aufzufüllen. Als Mr. Pendanski der Aufforderung nicht direkt nachgeht, droht ihm die Chefin, dass auch er Löcher graben könne. X-Ray bekommt den Rest des Tages frei.

(15) Die anderen Jungen müssen in Zweiergruppen an der vermeintlichen Fundstelle weitersuchen. Stanley arbeitet mit Zero. Die Chefin kontrolliert das Geschehen vor Ort. Stanley bezweifelt, dass das Graben der Löcher nur der Charakterbildung dient. Er prägt sich den wirklichen Fundort des Röhrchens gut ein.

(16) Am nächsten Morgen ist die Chefin wieder vor Ort. Sie braucht X-Ray wegen seiner vermeintlich scharfen Sehkraft. Stanley muss mit der Schubkarre die Erde wegfahren. Er achtet genau darauf, das Loch, in dem er das Röhrchen wirklich gefunden hat, nicht zuzuschütten. Später gibt ihm Mr. Pendanski einen Brief von seiner Mutter. Die anderen Jungen sind neugierig, doch Stanley will ihn nicht laut vorlesen. Er freut sich über den Brief.

(17) In den nächsten anderthalb Wochen graben die Jungen rund um die „Fundstelle". Sie erweitern mehrere Löcher zu einem großen. Die Chefin wird stetig ungeduldiger und ist immer kürzer anwesend. Zickzack verletzt Stanley mit der Schaufel am Kopf.

(18) Am Tag nach Stanleys Unfall gräbt jeder der Jungen an einer anderen Stelle des Sees wieder sein eigenes Loch. Stanleys Wunde schmerzt. Abends schreibt er einen Brief an seine Eltern, in dem er nichts von den wahren Zuständen im Camp erzählt. Zero blickt Stanley dabei über die Schulter. Stanley erschrickt, weil er glaubt, dass Zero seinen Brief liest. Zero versichert aber, er könne nicht lesen, und möchte, dass Stanley ihm Lesen und Schreiben beibringt. Stanley lehnt ab.

(19) Die Jungen graben weiter ihre Löcher. Als Mr. Sir mit dem Wasserwagen kommt und die Flaschen auffüllt, stiehlt Magnet einen Sack mit Sonnenblumenkernen vom Wagen. Ein Junge wirft den Sack zum nächsten. Stanley fängt ihn nicht und die Sonnenblumenkerne fallen in sein Loch. In diesem Moment kommt Mr. Sir zurück und entdeckt die Kerne bei Stanley, der sagt, er habe den Sack gestohlen. Daraufhin bringt Mr. Sir Stanley zur Chefin.

(20) Stanley hat Angst, denn er muss der Chefin den Diebstahl gestehen. Mr. Sir sagt, er glaube nicht, dass Stanley wirklich der Täter sei. Die Chefin wirkt genervt und schickt Stanley ins Nebenzimmer, um ihren Kosmetikkoffer zu holen. Sie nimmt ein Fläschchen mit dunkelrotem Nagellack heraus und erklärt, dass sie diesen selbst herstelle, indem sie Klapperschlangengift hinzugebe. Das Gift wirke nur, solange der Lack noch flüssig sei. Dann lackiert sie sich die Fingernägel und schlägt Mr. Sir ins Gesicht, der vor Schmerz schreit und zu Boden sinkt. Sie schickt Stanley zurück zur Arbeit.

(21) Stanley läuft durch die Hitze zurück zu seinem Loch. Er denkt an seinen Urgroßvater, der von Kate Barlow ausgeraubt und in der Wüste zurückgelassen worden ist. Nach eigenen Angaben hat er überlebt, weil er auf Gottes Daumen Zuflucht gefunden hat. An seinem Loch angekommen stellt Stanley überrascht fest, dass es schon fertig ist. Zero hat es für ihn gegraben.

(22) Stanley kehrt als Erster ins Lager zurück und bedankt sich später für Zeros Hilfe. Zero sagt, dass Stanley die Sonnenblumenkerne ja nicht gestohlen habe – und die Turnschuhe auch nicht. Stanley weiß nichts darauf zu entgegnen und bietet Zero an, ihm das Lesen beizubringen. Sie vereinbaren, dass sie jeden Tag eine Stunde zusammen lernen und dass Zero dafür eine Stunde hilft, Stanleys Loch zu graben. Vor dem Einschlafen erkennt Stanley, was es mit dem Röhr-

chen auf sich hat: Es handelt sich um eine Lippenstifthülse. Ihm kommt der Gedanke, dass die Buchstaben auf dem Fundstück für Kate Barlow stehen könnten.

(23) Vor einhundertzehn Jahren ist Katherine Barlow Lehrerin in Green Lake gewesen. Bekannt ist sie für ihre eingemachten Pfirsiche. Charles Walker – genannt Trout – ist der Sohn der reichsten Familie in der Gegend und einer ihrer Schüler. Er ist an Katherine interessiert und lädt sie zu einem Ausflug mit seinem neuen Boot ein. Sie lehnt ab, worüber Trout sehr wütend ist.

(24) Bei der Frühstücksausgabe fällt Mr. Sirs geschwollenes Gesicht auf. Auf die Frage eines Jungen, was passiert sei, reagiert Mr. Sir gereizt und wird handgreiflich. Am See erkundigen sich die Jungen bei Stanley, was er über Mr. Sirs Gesicht wisse. Stanley schweigt. Mr. Sir rächt sich an ihm, indem er die Flasche beim Befüllen neben den Wasserstrahl hält. Stanley bleibt ruhig und bedankt sich bei Mr. Sir.

(25) Vor einhundertzehn Jahren hat der dunkelhäutige Sam die Kraft der Zwiebeln erkannt. Mit seiner Eselin Mary Lou zieht er durch den Ort und bietet Zwiebeln und Produkte mit dem Wirkstoff der Zwiebel an. Manchmal rudert er mit seinem Boot über den See, um die Zwiebeln auf seinem Feld zu ernten. Katherine Barlow mag Sam. Er renoviert das Schulhaus und bekommt dafür Gläser mit eingemachten Pfirsichen. Nach Abschluss der Reparaturen ist Katherine traurig, weil Sam nicht länger in ihrer Nähe ist. Als Sam eines Nachmittags auf der Straße Zwiebeln anpreist, läuft Katherine zu ihm. Hattie Parker sieht, wie die beiden sich küssen, und prophezeit eine Strafe Gottes.

(26) Am nächsten Morgen stürmt ein Pöbel, angeführt von Trout, die Schule und verwüstet alles. Katherine flüchtet zum Sheriff, der sie küssen und Sam hängen lassen will. Katherine kann entkommen und versucht, mit Sam zu fliehen. Sie nehmen Sams Ruderboot, aber Trouts Motorboot holt sie ein. Sam wird erschossen, Katherine wird gerettet. Sie erschießt wiederum drei Tage später den Sheriff und gibt ihm mit geschminkten Lippen einen Kuss. Seit dieser Zeit ist kein Tropfen Regen mehr auf Green Lake gefallen. Aus Katherine Barlow wird die gefürchtete Banditin Kissin' Kate.

(27) Mr. Sir füllt Stanleys Wasserflasche weiterhin nicht auf. Deshalb geht Stanley mit seinem Wasser sehr sparsam um. Mr. Pendanski hingegen ist beim Auffüllen großzügiger als sonst. Zero gräbt jeden Tag eine Stunde für Stanley. Das missfällt den anderen Jungen und sie versuchen, einen Streit anzuzetteln. Mr. Sir ärgert Stanley, indem er dessen Wasserflasche auffüllt und dann damit verschwindet. Stanley weiß nicht, ob sich lediglich Wasser darin befindet, und schüttet es weg. Abends vertraut ihm Zero an, dass er in Wirklichkeit Hector Zeroni heißt.

(28) Nach zwanzig Jahren kehrt Kissin' Kate in die Geisterstadt Green Lake zurück und zieht in eine verlassene Hütte. Aber Trout Walker und seine Frau Linda, eine frühere Schülerin Kates, spüren sie auf. Mittlerweile mittellos wollen sie die Beute aus den Raubzügen der Banditin erpressen. Sie vermuten, dass Kate alles vergraben hat, und jagen sie gefesselt durch den heißen Sand über den ausgetrockneten See. Kate entgegnet ihnen, sie sollen anfangen zu graben, sie würden ohnehin nichts finden. Schließlich stirbt Kate durch den Biss einer gelb gefleckten Eidechse.

Unterrichtsschwerpunkte

- Entscheidungen treffen und mit Belegen untermauern
- Argumente formulieren und präsentieren
- Schaubilder vervollständigen und auswerten
- Verhaltensweisen der Figuren analysieren und deuten
- Überschriften finden

Zu den Kopiervorlagen

KV Seite 28

Aus dem Loch in den Kreis

In Aufgabe 1 lernen die Schüler Bestandteile von Gruppentherapien kennen, die sie auf die Situation im Roman übertragen. Danach widmen sie sich dem Thema Berufsorientierung, das auch in ihrem Alltag präsent ist. Mr. Pendanskis Vorgehen zeigt exemplarisch, wie eine einfache Frage dazu verhelfen kann, eine Zielvorstellung zu formulieren. Zum Abschluss untersuchen die Schüler die Ideen der Romanfiguren zu Magnets Berufswahl auf ihre Plausibilität. In diesem Schritt wird deutlich, dass nicht jedes Ziel gleich gut erreichbar scheint.

Lösung

Aufgabe 1:

Bestandteile einer Gruppentherapie	ja	nein	Beleg
Eine Therapie findet meist im Stuhlkreis an einem geschützten Ort statt.	X		Die Jungen sitzen in Zelt D im Kreis am Boden. (S. 73)
Die Gruppe umfasst ca. acht bis zehn Teilnehmer.	X		In Zelt D wohnen sieben Jungen. (S. 24–26)
Ein bis zwei Therapeuten leiten das Gespräch.	X		Mr. Pendanski leitet den Gesprächskreis. (S. 73)
Die Gruppenmitglieder sprechen über ihre Gefühle und Gedanken zu einem speziellen Thema.	X		Die Jungen sprechen über ihre Zukunftspläne. (S. 73 f.)
Die Mitglieder reflektieren ihre Äußerungen.	X		Mr. Pendanski regt Magnet und Stanley zum Nachdenken an. (S. 74 ff.)
Die Mitglieder geben sich Feedback und gegenseitig Kraft.		X	Beides geht von Mr. Pendanski aus, z. B. „Es ist wichtig, dass man Ziele hat" (S. 74), „kein Grund aufzugeben" (S. 75), „Jeder von euch ist […] etwas Besonderes" (S. 77).
Die Mitglieder reden wertschätzend miteinander.		X	Die Jungen machen sich übereinander lustig. (S. 74 f.)
Therapiegruppen sind häufig „offen". Das heißt, dass die Mitglieder wechseln.	X		Es nehmen offenbar die Jungen teil, die aktuell in Zelt D wohnen. (S. 73)

Quelle: *https://www.therapie.de/psyche/info/index/therapie/gruppentherapie/definition-ablauf/*

Aufgabe 2:

a) Magnet mag Tiere. (S. 74)
Deo: Tierarzt (S. 74) → keine Reaktion
Zickzack: im Zoo arbeiten (S. 74) → Torpedo macht sich lustig.
Stanley: Dompteur (S. 75) → X-Ray lacht über Magnets Zustimmung.

b) Stanley: Dompteur

c) Es ist unwahrscheinlich, dass Magnet Tierarzt wird, weil ihm hierzu wesentliche Voraussetzungen fehlen (z. B. Schulabschluss, Studium). Die Jungen reagieren vermutlich nicht, da ihnen die Möglichkeit dieser Berufswahl nicht realistisch vorkommt.
Im Zoo könnte Magnet durchaus arbeiten, z. B. könnte er eine Ausbildung zum Tierpfleger absolvieren. Torpedos Aussage „Da gehört er auch hin" (S. 74) ist zwar abschätzig gemeint, trotzdem ist der Vorschlag hilfreich. Dompteur ist kein anerkannter Ausbildungsberuf. Man benötigt keinen bestimmten Schulabschluss. Jeder kann diese Tätigkeit ausüben. Stanley schätzt die Lage realistisch ein und wird durch Magnets Entscheidung bestätigt (S. 75).

KV Seite 29

Ein Fund – viele Geheimnisse

Nutzen Sie für den Einstieg in die Unterrichtsstunde den Gesprächsanlass „Ein Herz für KB" (siehe S. 26). Leiten Sie anschließend zum Arbeitsblatt über. Im Mittelpunkt steht das Fundstück mit der Gravur „KB", das die Schüler in Aufgabe 1 beschreiben. So können sie es sich besser vorstellen. In Aufgabe 2 wägen sie Stanleys Möglichkeiten ab und vollziehen seinen inneren Konflikt sowie den Weg seiner Entscheidungsfindung mit allen Vor- und Nachteilen nach. Gehen Sie darauf ein, dass Stanley seine Entscheidung unfreiwillig trifft: Zickzack fragt danach, was er in der Hand hat, sodass Stanley seinen Fund nicht verbergen kann. Aufgabe 3 verdeutlicht, dass es in den Kapiteln 13 und 14 einige Geheimnisse gibt.

Lösung

Aufgabe 1:

glitzert, hart, metallen, goldenes Röhrchen, fingergroß, eine offene und eine geschlossene Seite, Gravur „KB" in einem Herz im Boden

Aufgabe 2:

- Möglichkeit 1 (S. 80): „Ich behalte das Fundstück."
  Folge: kein freier Tag
- Möglichkeit 2 (S. 81): „Ich bringe das Fundstück heimlich zum Boss."
  Risiken: X-Ray findet es heraus und ist sauer. / Der Boss findet das Fundstück uninteressant.
- Stanleys Entscheidung: Er gibt X-Ray das Fundstück.
  ABER: Er erwähnt die Gravur nicht.
- Folge für X-Ray: freier Tag

- Folge für Stanley: kein freier Tag
  ABER: Vorrücken in der Wasserschlange

Aufgabe 3:

a) Rätsel um das Fundstück (Was ist es und bringt es einen freien Tag?), Stanleys Geheimnis: Gravur

b) Der Erzähler lüftet das Geheimnis, dass der Boss eine Frau ist.

KV Seite 30

Machtstrukturen im Camp

Hier analysieren die Schüler die Hierarchie in Camp Green Lake. In Aufgabe 1 werten sie einen diskontinuierlichen Text in Form eines Schaubilds aus. Sprechen Sie anschließend im Plenum über die Darstellung. Die Jugendlichen überlegen, warum die Chefin über der „Machtpyramide" angesiedelt ist. (Sie steht „an der Spitze", was ihre Übermacht ausdrückt. Das Dreieck kann als Sinnbild für das Camp gedeutet werden: Die Chefin wacht zwar über das Lager, steht aber dennoch außerhalb. Sie bestimmt und die anderen müssen ihre Schikanen ertragen.)

Fragen Sie die Schüler danach, ob sie der gleichrangigen Position der beiden Betreuer zustimmen. Es lassen sich auch Argumente dafür finden, dass einer mächtiger ist als der andere. In der Gunst der Chefin steht Mr. Pendanski scheinbar höher. Zwar schikaniert sie ihn ebenfalls (z. B. „Möchten Sie die Flaschen füllen oder möchten Sie lieber graben?" – S. 89), belässt es aber dabei. Mr. Sir hingegen greift sie massiv körperlich an und bringt ihn damit in Lebensgefahr (vgl. Kapitel 20).

Dass Mr. Sir seine Macht gegenüber den Jungen stärker demonstriert, könnte wiederum so ausgelegt werden, dass er in der Rangordnung weiter oben steht. Außerdem regelt er die Formalitäten bei Stanleys Aufnahme und weist ihn seinem Betreuer zu. Mr. Pendanski scheint nur einer von mehreren Betreuern zu sein, während bei Mr. Sir nicht eindeutig ist, ob er auch zu diesem Personenkreis gehört oder eher eine Aufsichtsrolle gegenüber allen Jungen im Camp innehat.

Falls Sie zusätzlich die Machtstrukturen in Stanleys Gruppe thematisieren möchten, nutzen Sie den Gesprächsanlass „Die Wasserschlange" (siehe S. 26).

Die Aufgaben 2 und 3 auf dem Arbeitsblatt widmen sich den Verhaltensweisen der Chefin. In Aufgabe 3 reflektieren die Jugendlichen, wie sie ihre Herrschaft über Camp Green Lake ausübt. Dabei finden sie verschiedene Formen der Machtdemonstration.

Lösung

Aufgabe 1:

z. B. Die Jungen aus Zelt D sind in der Hierarchie ganz unten. Über ihnen stehen die Aufseher Mr. Pendanski und Mr. Sir. Die Chefin „thront" über allen. Während zwischen den Jungen und den Aufsehern ein regelmäßiger Austausch stattfindet, ist das Verhältnis zwischen der Chefin und ihren Angestellten einseitig: Sie herrscht ganz allein.

Aufgabe 2:

a) Belohnung: längeres Duschen und saubere Kleidung für X-Ray (S. 87), häufigeres Füllen der Wasserflaschen (S. 87 ff.)

b) Die Chefin hofft auf weitere Fundstücke. (S. 90 ff.)

Aufgabe 3:

Versorgung der Jungen mit Wasser (Kapitel 14):

- genaue Anweisungen („Aber zuerst möchte ich, dass Sie sämtliche Wasserflaschen füllen." – S. 87)
- keine Duldung von Widerspruch („[H]atte ich Sie gefragt, wann Sie die Flaschen zuletzt gefüllt haben?" – S. 87)
- bedrohlich wirkende Rückfragen („Pardon?" – S. 87 f., „Also, was hast du mir zu sagen?" – S. 114)
- Drohung im Falle von Zuwiderhandlungen („Wenn es Ihnen zu viel Mühe macht, eine Trinkflasche zu füllen, dann bekommen Sie von mir eine Schaufel." – S. 88)
- Einbeziehung Dritter („Das würde dir doch sicher nicht zu viel Mühe machen, oder?" – S. 88)

Ausweitung der (Schatz-)Suche (Kapitel 15):

- Ausnutzen ihres Wissensvorsprungs („Wichtig ist nur, dass wir nichts übersehen." – S. 92)

Giftvorfall (Kapitel 20):

- Anstarren und Ausnutzen der Angst bei Unterlegenen („Die Chefin starrte Mr. Sir einen Moment lang an, bevor sie ihren Blick zu Stanley hinüberwandern ließ. Er fühlte jetzt nur noch Angst." – S. 113 f.)
- körperliche Gewalt („Sie trat einen Schritt auf ihn zu und schlug ihm ins Gesicht." / „Es dauerte einen Moment, bis das Gift in die Haut eingesunken war." – S. 117)
- Relativierung ihrer Gewalttaten („Sterben wird er nicht daran." – S. 118)
- psychische Demütigung („Pech für dich." – S. 118)

KV Seite 31

„Niemand" kann nicht lesen und schreiben

Im Mittelpunkt dieser Kopiervorlage steht das gesellschaftlich relevante und nach wie vor tabuisierte Thema Analphabetismus. Zero sucht einen Weg, Stanley darauf aufmerksam zu machen, dass er nicht lesen und schreiben kann. Dabei verwendet er nicht nur die direkte Ansprache, sondern drückt sich auch nonverbal aus (Aufgabe 1). In den Aufgaben 2 und 3 erkennen die Schüler, dass Stanley und Zero ihre Beziehung zum jetzigen Zeitpunkt unterschiedlich bewerten. Die Themen Vertrauen und Distanz stehen im Zentrum dieser Arbeitsaufträge.

Aufgabe 4 fördert die Informationskompetenz der Jugendlichen und verdeutlicht, dass Analphabetismus sogar in Ländern mit gut ausgebautem Bildungssystem verbreitet ist. Falls sich Ihre Schüler für eine tiefere Auseinandersetzung interessieren, eignet sich die Aufgabe „Trau dich!" aus der Rubrik „Kreativ aktiv" (siehe S. 27).

Lösung

Aufgabe 1:

Zero schweigt. → z. B. Unsicherheit, Betroffenheit
Stanley schreibt weiter. → z. B. Desinteresse, Missachtung
Zero starrt ihn durchdringend an. → z. B. Ärger, Wut, Unverständnis
Stanley lacht. → z. B. Überraschung, Irritation

Aufgabe 2:

Zero vertraut Stanley, sonst wäre er nicht so mutig, ihm sein Geheimnis zu verraten. Zero sieht in Stanley einen Freund und hofft, dass er ihm hilft.

Aufgabe 3:

Stanley ist auf seinen eigenen Vorteil bedacht und bleibt distanziert. Zero scheint ihm egal zu sein.

Aufgabe 4:

	Gesamtbevölkerung	Anzahl der Analphabeten	Anteil der Analphabeten (%)
D	ca. 83 Mio.	ca. 6 Mio.	ca. 5 %
USA	ca. 332 Mio.	ca. 73 Mio.	ca. 22 %

Fazit: Die Überschrift ist widerlegt, denn es gibt zahlreiche Analphabeten, insbesondere in den USA.

Quellen: *https://de.statista.com, https://www.nwzonline.de* (Stand: Juni 2022; Anteil Analphabeten USA: 2014)

KV Seite 32

Zur falschen Zeit am falschen Ort

Einen Einstieg in die Unterrichtsstunde ermöglicht der gleichnamige Gesprächsanlass (siehe S. 26). Leiten Sie danach zum Arbeitsblatt über. In Aufgabe 1 steht das inhaltliche Verständnis im Vordergrund: Die Schüler rekonstruieren den Diebstahl von Mr. Sirs Sonnenblumenkernen. Anschließend analysieren sie die Verhaltensweisen der beteiligten Figuren.

Zum Abschluss bietet sich der Schreibanlass „Zur richtigen Zeit am richtigen Ort" an (siehe S. 26).

Lösung

Aufgabe 1:

Magnet stiehlt Mr. Sirs Sonnenblumenkerne. (S. 108)
Der Sack wandert von einem Jungen zum nächsten. (S. 109)
Zickzack wirft Stanley den Sack zu. Er fängt ihn nicht. (S. 109 f.)
Alle Sonnenblumenkerne landen in Stanleys Loch. (S. 110)
Stanley versucht, die Kerne wieder in den Sack zu schieben. (S. 110)
Mr. Sir kommt zurück. (S. 110)

Aufgabe 2:

a) Stanley: Verstecken der Kerne, Hilflosigkeit, Verharmlosung, falsches Geständnis
Mr. Sir: Nachfragen, Aufforderung zum Ausgraben des Sacks, Übergabe an die Chefin

b) Ich habe die Sonnenblumenkerne von Ihrem Wagen gestohlen und alleine gegessen, Mr. Sir.

c) Sie sind froh, dass nur Stanley bestraft wird.

d) Stanley hat dieses Mal „ein bisschen gelogen" (S. 34), denn vor Gericht hat die Wahrheit zu seiner Verurteilung geführt. Mit seinem falschen Geständnis schützt er sich vor den Reaktionen der Jungen. Stanley deckt mit seiner Aussage Magnet, um zur Gruppe dazuzugehören und in keine Konflikte mit den anderen Zeltbewohnern zu geraten. Hätte er die Wahrheit gesagt, wäre er vielleicht doppelt bestraft worden: von Mr. Sir wegen der Tat und von der Gruppe als Verräter. Insofern hat sich für Stanley die „Notlüge" am Ende ausgezahlt.

KV Seite 33

Die Geschichte der Kissin' Kate

Im Fokus des Arbeitsblatts steht die Biografie der Banditin Kissin' Kate Barlow. Die Schüler erschließen die Geschichte, indem sie passende Überschriften für die jeweiligen Textabschnitte formulieren. Aufgabe 2 fordert die Jugendlichen zu einer Diskussion auf. Dabei beziehen sie unterschiedliche Perspektiven in ihre Überlegungen ein. In Aufgabe 3 beleuchten die Schüler, welche Auswirkungen Sams Tod auf Katherine Barlow hat.

Lösung

Aufgabe 1:

z. B. 1. Katherines Berufung / Lernen ist ihr Leben
2. Sam, der Zwiebelverkäufer / Das Zaubermittel der Natur
3. Die Übereinkunft / Das Abkommen
4. Ein verhängnisvoller Kuss / Der Anfang vom Ende
5. Alle gegen Sam und Katherine / Auf sich gestellt
6. Ein tödlicher Fluchtversuch
7. Der Rachekuss / Katherines Verwandlung
8. Rückkehr nach Green Lake / Die Suche nach der Beute
9. Der tödliche Biss / Vereint mit Sam

Aufgabe 2:

Die Auswirkungen des fehlenden Regens bekommen alle Bewohner zu spüren. Als Katherine noch dort lebt, ist Green Lake ein schöner, idyllischer Ort mit einem großen See. Die Gegend ist fruchtbar, die Familie Walker besitzt viel Land. Jetzt entzieht die Dürre den Menschen die Lebensgrundlage, denn in einer „Wüste" wächst nichts.

Betroffen ist aber auch Trout Walker als Einzelperson. Ihm gehören Felder, die niemand mehr bewirtschaften kann. Ob es sich um eine „Strafe Gottes" handelt, bleibt ungeklärt.

Katherine hingegen, der vom Sheriff eine göttliche Bestrafung in Aussicht gestellt wurde, verlässt Green Lake und wird eine berüchtigte Banditin.

Aufgabe 3:

Katherine verliert mit Sam einen geliebten Menschen. Dieser Schicksalsschlag verursacht bei ihr eine Wesensveränderung. Sie hat Brutalität erlebt und passt ihr Handeln nun an ihre Erfahrung an. Ihre freundlichen, rücksichtsvollen Charakterzüge müssen in den Hintergrund treten, da sie den Schmerz sonst nicht bewältigen kann. Nachdem Sam ermordet wurde, empfindet Katherine ihr Dasein als sinnlos. Weil sie nichts mehr zu verlieren hat, wird sie zur Banditin.

Gesprächs- und Schreibanlässe

Ein Herz für KB

Visualisieren Sie in Anlehnung an die Gravur im Roman (S. 80) ein Herz mit den zwei Buchstaben im Klassenzimmer. Die Schüler äußern ihre Assoziationen.

Mögliche Fragestellungen:

- Wann verwendet man ein solches Zeichen?
- Welche Bedeutung hat das Zeichen?
- Wo findet man solche Zeichen?
- Wer ist der Adressat?

Die Wasserschlange

Innerhalb von Stanleys Gruppe gibt es eine klare Rangordnung. Diese spiegelt sich auch in der Reihenfolge wider, in der sich die Jungen ihre Wasserflaschen befüllen lassen.

Arbeitsaufträge:

- Erläutert die Machtverhältnisse unter den Jungen anhand ihrer Position in der Wasserschlange auf den Seiten 44, 83 und 108.
- Welche Rolle fällt Zero in der Gruppe zu?

Lösungsvorschlag:

- X-Ray ist der Anführer der Gruppe, er steht immer vorne in der Schlange. Als Stanley neu ist, muss er sich hinten anstellen. Nachdem er X-Ray einen guten Tipp gegeben hat, rückt er einen Platz auf. Damit bildet Zero das Schlusslicht. Hinter X-Ray folgen (in unbekannter Reihenfolge) Deo, Zickzack und Torpedo. Dann kommt Magnet vor Stanley. Die Jungen vor Stanley stehen in X-Rays Gunst höher. Sie tun alles, was ihr Anführer verlangt (S. 71).
- Zero ist der Letzte in der Rangordnung. Er ist der Kleinste in der Gruppe und ein Außenseiter. Nicht nur die Betreuer, auch die anderen Jungen behandeln ihn schlecht. Stanley übernimmt – zumindest bis zu diesem Zeitpunkt – deren Abneigung (z. B. S. 104: „Zero war ein Niemand.").

Zur falschen Zeit am falschen Ort

Ähnlich wie Stanley ist es den Schülern sicher auch schon ergangen: Sie waren zur falschen Zeit am falschen Ort. Lassen Sie die Jugendlichen von ihren Erfahrungen erzählen. Es geht auch darum, Gleichgesinnte oder ähnliche Geschichten und damit Gemeinsamkeiten in der Klasse zu entdecken. Stellen Sie anschließend die Reflexionsfrage: „Was würdest du aus heutiger Sicht anders machen?" Dadurch ermöglichen Sie den Schülern eine Handlungsalternative, sodass auch negativ besetzte Erfahrungen eine positive Konnotation erhalten.

Zur richtigen Zeit am richtigen Ort

Die Jugendlichen formulieren ein Erfolgserlebnis aus ihrem Leben als kurzes Statement. Dazu nutzen sie eine digitale Pinnwand, z. B. Padlet. Alternativ halten sie ihre Ideen auf einem Blatt Papier fest.

Digitale Pinnwand – Padlet
Mit diesem Tool *(https://de.padlet.com/)* kann man Texte auf einer Pinnwand präsentieren. Der Vorteil dabei ist, dass die Schüler eigene Ideen aktiv einbringen, indem sie den Eintrag ergänzen und verändern. Es ist auch möglich, Fotos, Videos und Internetlinks zu integrieren. Voraussetzungen für die digitale Pinnwand sind ein Internetzugang und ein verbundenes Endgerät für jeden Schüler oder für eine Gruppe (z. B. PC, Laptop, Tablet). Die Registrierung ist kostenlos. Die Pinnwände lassen sich ausdrucken und exportieren (z. B. in PDF).

Standardmäßig sind die Pinnwände semiprivat. Das bedeutet, dass die URL zur erstellten Tafel öffentlich ist, aber nicht von Suchmaschinen erfasst wird. Die URL müssen Sie den Jugendlichen also bekannt geben, damit diese auf die Pinnwand zugreifen können. Anpassungen zur öffentlichen Sichtbarkeit, z. B. durch die Vergabe eines Passworts, sind in den Einstellungen möglich.

Kreativ aktiv

Trau dich!
Analphabetismus ist nach wie vor ein Tabu. Die Schüler drehen ein Aufklärungsvideo zum Thema. Die nötigen Informationen beschaffen sie sich aus dem Internet. Mit dem für Lehrer kostenfreien Zugang zu „simpleshow“ *(https://www.simpleshow.com)* erstellen die Jugendlichen spannende und professionell gestaltete Erklärvideos, die sich sogar online (öffentlich oder mit Zugangsbeschränkung) präsentieren lassen.

Aus dem Loch in den Kreis

Mr. Pendanski führt mit den Jungen ein Gespräch über deren Zukunftsvorstellungen.

1. Vergleiche die Situation in Kapitel 12 mit einer Gruppentherapie. Kreuze an, ob die Aussagen zutreffen. Belege oder widerlege sie mit einer passenden Textpassage und trage die Seitenzahlen in die Tabelle ein. Vergleiche deine Ergebnisse mit einem Partner.

Bestandteile einer Gruppentherapie	ja	nein	Beleg
Eine Therapie findet meist im Stuhlkreis an einem geschützten Ort statt.			
Die Gruppe umfasst ca. acht bis zehn Teilnehmer.			
Ein bis zwei Therapeuten leiten das Gespräch.			
Die Gruppenmitglieder sprechen über ihre Gefühle und Gedanken zu einem speziellen Thema.			
Die Mitglieder reflektieren ihre Äußerungen.			
Die Mitglieder geben sich Feedback und gegenseitig Kraft.			
Die Mitglieder reden wertschätzend miteinander.			
Therapiegruppen sind häufig „offen“. Das heißt, dass die Mitglieder wechseln.			

2. Die Gruppe gibt Magnet Anregungen für seine Zukunft (S. 74 / 75).

a) Ergänze die Übersicht.
b) Welcher Empfehlung stimmt Magnet zu? Markiere.

Magnet mag ______________________

Berufsempfehlungen der Jungen:	Reaktionen der Gruppe:
Deo: ______________________	______________________
Zickzack: ______________________	______________________
Stanley: ______________________	______________________

c) Bewertet Magnets Aussichten auf die empfohlenen Berufe. Berücksichtigt die Reaktionen der Jungen. Präsentiert eure Ergebnisse in der Klasse.

Ein Fund – viele Geheimnisse

Stanley stößt auf ein weiteres Fundstück. Er muss eine Entscheidung treffen.

1. Lies die Seiten 79 und 80. Beschreibe Stanleys Fundstück stichwortartig.

____

____

2. Stanley will X-Ray das Fundstück nicht geben, obwohl er es versprochen hat (S. 70). Dies führt bei Stanley zu einem inneren Konflikt. Ergänze das Schaubild mithilfe der Seiten 80 bis 83.

Möglichkeit 1 (S. 80):

Ich ______________

____

____

Folge

____

____

Möglichkeit 2 (S. 81):

Ich ______________

____

Risiken

____

____

____

Stanleys Entscheidung:

____

ABER: ______________________________

Folge für X-Ray:

____

Folge für Stanley: ______________

ABER: ______________

3. Die Überschrift des Arbeitsblatts deutet viele Geheimnisse an.

a) Nenne zwei Geheimnisse aus Kapitel 13.

____

b) Der Erzähler lüftet in Kapitel 14 ein drittes Geheimnis. Welches?

____

Machtstrukturen im Camp

Alle im Lager haben vor dem „Boss“ Respekt. Schon bei der ersten Begegnung wird Stanley klar, dass es in Camp Green Lake eine besondere Hierarchie gibt.

1. Erkläre die Rangordnung. Lies dazu auch die Kapitel 14, 15 und 20.

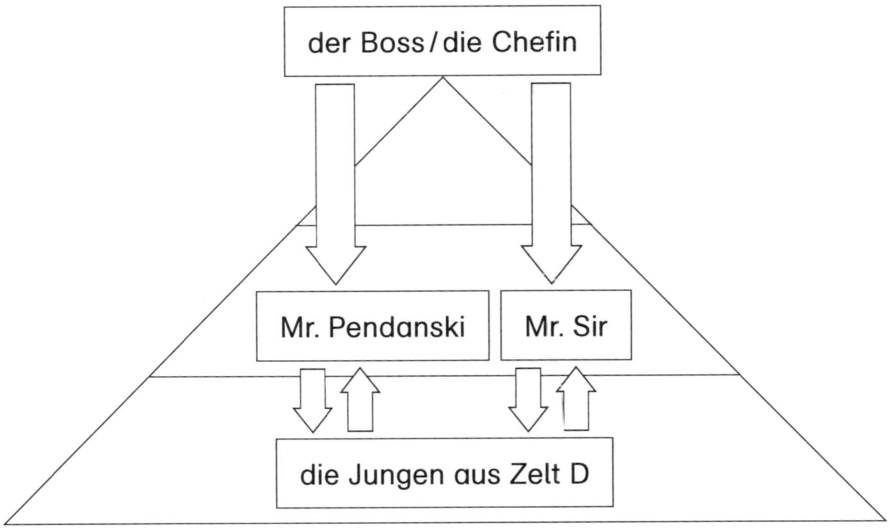

2. Durch das Auftreten der Chefin verändert sich für kurze Zeit der Alltag in Camp Green Lake.

a) Was ordnet die Chefin an?

b) Welchen Grund hat die Chefin für ihr Verhalten?

3. Wie zeigt sich die Machtstellung der Chefin in den Kapiteln 14, 15 und 20? Diskutiert und belegt eure Aussagen mit Beispielen aus dem Roman.

„Niemand“ kann nicht lesen und schreiben

Stanley schreibt einen Brief an seine Eltern. Zero offenbart ihm ein Geheimnis.

1. Nonverbale Kommunikation begleitet das Gespräch von Stanley und Zero (S. 105). Welche Gefühle werden jeweils transportiert? Notiere Stichpunkte.

Stanley: „Es passt mir nicht, dass du mir über die Schulter guckst und mitliest, verstanden?“

Zero schweigt. ______________________________

Stanley schreibt weiter. ______________________________

Stanley: „Was beibringen – Steilwandklettern?“

Zero starrt ihn durchdringend an. ______________________________

Zero: „Ich würde gern Lesen und Schreiben lernen.“

Stanley lacht. ______________________________

2. Was sagt Zeros Geständnis über sein Verhältnis zu Stanley aus? Begründe deine Einschätzung.

____

____

3. Was sagen folgende Textstellen über Stanleys Beziehung zu Zero aus?

„Was Zero dachte, war ihm egal. Zero war ein Niemand.“ (S. 104)
„Er musste seine Kräfte für die Leute aufsparen, die zählten.“ (S. 106)

____

____

4. Ergänze die Tabelle, indem du eine Internetrecherche zum Thema Analphabetismus durchführst. Formuliere ein Fazit mit Bezug auf die Überschrift des Arbeitsblatts.

	Gesamtbevölkerung	Anzahl der Analphabeten	Anteil der Analphabeten (%)
Deutschland			
USA			

Fazit: ______________________________

____

Zur falschen Zeit am falschen Ort

Stanley verhält sich unauffällig und verrichtet seine Arbeit. Eines Tages gerät er wegen einer Packung Sonnenblumenkerne in eine schwierige Situation. Stanley ahnt: Das gibt Ärger.

1. Notiere sechs Handlungsschritte vom Diebstahl der Sonnenblumenkerne bis zur Rückkehr von Mr. Sir. Lies dazu die Seiten 108 bis 110.

2. Mr. Sir entdeckt den Sack schließlich bei Stanley (S. 111).

a) Wie reagieren Stanley und Mr. Sir? Notiere in Stichpunkten.

Stanley:

Mr. Sir:

b) Formuliere Stanleys Geständnis in der Ich-Form.

Ich

c) Warum nutzen die anderen Jungen Stanleys Erklärungen für ihre Zwecke?

d) Was bringt Stanley dazu, „ein bisschen zu lügen“ (vgl. S. 34)? Begründe mündlich.

Die Geschichte der Kissin' Kate

Vor einhundertzehn Jahren lebte in Green Lake die junge Lehrerin Katherine Barlow.

1. Formuliere jeweils eine Überschrift, die zu den Ereignissen passt.

1		Katherine Barlow unterrichtet abends meist nicht gut gebildete Erwachsene aus Green Lake. Der reiche, aber faule Trout Walker wirbt vergeblich um die Gunst der Lehrerin. (S. 131 / 132)
2		Der Zwiebelverkäufer Sam schwört auf die Kraft seiner Pflanzen. Katherine kauft ihm regelmäßig Zwiebeln ab. (S. 137 – 139)
3		Eines Tages erwähnt Katherine, dass das Dach des Schulhauses undicht sei. Sam darf aufgrund seiner Hautfarbe zwar nicht am Unterricht teilnehmen, renoviert aber fortan das Gebäude. Als Gegenleistung erhält er eingemachte Pfirsiche. (S. 140)
4		Am Ende des ersten Halbjahrs ist das Schulhaus saniert. Als Sam wieder einmal mit seinen Zwiebeln in der Gegend ist, küsst er Katherine. Doch Hattie Parker sieht die beiden. (S. 142 / 143)
5		Angeführt von Trout Walker stürmen und verwüsten einige Bewohner das Schulgebäude. Katherine wendet sich verzweifelt an den Sheriff, der ihr nicht helfen will. Stattdessen fordert er sie auf, ihn zu küssen. Sam will er aufhängen lassen. Katherine stellt er die Strafe Gottes in Aussicht. (S. 144 – 146)
6		Zusammen mit Sam will Katherine fliehen. Doch Trout holt die beiden mit seinem Motorboot ein. Sam wird erschossen, Katherine gegen ihren Willen gerettet. (S. 146 – 148)
7		Drei Tage nach Sams Tod erschießt Katherine den Sheriff und hinterlässt mit rot geschminkten Lippen den Kuss, den er sich gewünscht hat. In den folgenden zwanzig Jahren ist Kissin' Kate eine der gefürchtetsten Banditinnen. (S. 148)
8		Nach Kates Rückkehr in den mittlerweile trostlosen und verlassenen Ort Green Lake finden Trout Walker und seine Ehefrau Linda, eine ehemalige Schülerin Kates, sie in einer Hütte und fordern die Herausgabe ihrer Beute. Um das Versteck zu erfahren, lassen sie Kate im heißen Sand vorausgehen. (S. 154 – 157)
9		Eine Eidechse beißt Kate, die daraufhin stirbt. Trout und Linda erfahren das Versteck nicht. (S. 158)

2. Nach Sams Tod regnet es nicht mehr in Green Lake (S. 148). Wer wird dadurch gestraft? Diskutiert.

3. Warum wird aus Katherine eine Banditin? Argumentiert.

29. bis 39. Kapitel: Flucht aus Camp Green Lake

Inhalt

Teil 2: Das letzte Loch

(29) Hinter den Bergen gibt es ein Gewitter. Stanley glaubt, eine besondere Felsformation zu erkennen – einen Gipfel, der aussieht wie eine Faust mit ausgestrecktem Daumen. Ihm fällt die Geschichte seines Urgroßvaters ein, der auf Gottes Daumen Zuflucht gefunden haben soll, nachdem er von Kissin' Kate ausgeraubt worden ist.

(30) Dass Zero Stanley beim Graben unterstützt, gefällt den anderen Jungen nicht. Deshalb provozieren sie Stanley. Angespornt durch Mr. Pendanski mündet das Handgemenge zwischen Zickzack und Stanley in eine Prügelei. Zero geht dazwischen und würgt Zickzack. Die Jungen erzählen der Chefin, dass Zero für Stanley gräbt. Sie erfährt von dem Abkommen der beiden und verbietet den Leseunterricht. Daraufhin weigert sich Zero, weitere Löcher zu graben. Er schlägt Mr. Pendanski mit der Schaufel ins Gesicht und flieht aus dem Camp.

(31) Stanley muss zusätzlich das Loch von Zero graben. Er hofft, dass Zero Gottes Daumen gefunden hat. Am zweiten Tag nach der Flucht befragen ihn die Chefin, Mr. Sir und Mr. Pendanski zu Zeros Verschwinden. Die Chefin ordnet an, sämtliche Unterlagen über Hector Zeroni alias Zero zu vernichten. Es soll so aussehen, als sei er nie im Camp gewesen.

(32) Zapp, ein neuer Junge, übernimmt Zeros Bett und Kasten. Stanley denkt an Zero und entschließt sich zur Flucht mit dem Auto, als Mr. Sir mit seinem Wasserwagen kommt. Bei seinem Fluchtversuch bleibt das Fahrzeug in einem Loch stecken. Stanley flieht zu Fuß mit leerer Wasserflasche.

(33) Stanley möchte so lange weitergehen, wie seine Kraft ausreicht. Er staunt über die vielen Löcher außerhalb des Camps. Stanley schaut in jede Grube hinein und erschrickt, als er eine gelb gefleckte Eidechsenfamilie entdeckt. Er rennt weg und findet einen letzten Sonnenblumenkern in einem Sack als Mittagessen.

(34) Stanley läuft in Richtung des Daumens. Als er glaubt, einen Wassertümpel zu sehen, stellt sich dieser als Fata Morgana heraus. Den leeren Sack trägt Stanley immer noch bei sich. Abseits des Weges sieht er rechter Hand einen Gegenstand, den er nicht einordnen kann. Aus Neugier beschließt er, den Umweg in Kauf zu nehmen, und erkennt ein kopfüber im Sand liegendes Boot mit dem Namen „Mary Lou". Da Stanley ein Geräusch aus dem Tunnel unterhalb des Boots hört, ruft er hinein und erhält eine Antwort.

(35) Zero kriecht unter dem Boot hervor. Er hat mit seiner Schaufel einen Tunnel gegraben und Gläser gefunden, deren Inhalt nach Pfirsich schmeckt und den er „Ssplisch" nennt. Zero bekommt heftige Magenkrämpfe und Stanley ist überfordert. Er will Zero ins Camp bringen, aber Zero weigert sich. Stanley zeigt ihm die Felsformation, die wie ein Daumen aussieht. Zero ballt seine Faust und streckt den Daumen hoch.

(36) Die beiden Jungen machen sich auf den Weg zum Daumen. Zero hat immer wieder Krämpfe. Stanley versucht, ihn mit Wortspielen und der Vorstellung von leckerem Essen abzulenken. Am westlichen Ufer des ausgetrockneten Sees stehen sie vor hohen Klippen und finden einen Aufstieg. Sie laufen im Schatten des Großen Daumens.

(37) Stanley und Zero kämpfen sich durch das steile Gelände. Zero hat weiterhin Krämpfe und übergibt sich. Weil Stanley Pflanzen und Mücken entdeckt, vermutet er Wasser in der Nähe. Zeros Zustand verschlechtert sich. Er bricht ohnmächtig zusammen.

(38) Stanley trägt Zero auf seiner Schulter den Berg hoch. Die Schaufel und den Sack mit den Gläsern lässt er zurück. Stanley fällt in eine Lehmrinne. Er gräbt mit den Händen, bis er auf Wasser trifft, und findet dabei eine Zwiebel. Damit versorgt er sich und Zero.

(39) Die Jungen erwachen auf einer Wiese. Stanley möchte die Schaufel holen, will Zero aber nicht allein lassen. Zero sagt, dass alles seine Schuld sei und er die Schuhe gestohlen habe. Stanley weiß nicht, was er meint, und glaubt, Zero habe Fieber und fantasiere. Zur Beruhigung singt Stanley ihm das alte Familienlied vor.

Unterrichtsschwerpunkte

- Abläufe rekonstruieren
- Urteile fällen
- Absichten in sprachlichen Äußerungen erkennen
- Kommunikationsstrukturen untersuchen

Zu den Kopiervorlagen

KV Seite 38

Bloß weg von hier!

Beginnen Sie die Stunde mit der Frage „Stanley und Zero – zwei moderne Robinson Crusoes?" (siehe S. 37). Leiten Sie mit den Erkenntnissen zum Arbeitsblatt über. Hier beweisen die Schüler ihr Textverständnis zu den Kapiteln 30 bis 35 und schreiben eine Inhaltszusammenfassung. So beschäftigen sie sich intensiv mit dem Konflikt, der das Ende von Camp Green Lake einleitet. Die Schüler müssen sowohl auf den Inhalt als auch auf passende Formulierungen achten, wenn sie die vorgegebenen Satzanfänge sprachlich korrekt fortsetzen. Insbesondere für leistungsschwächere Schüler stellt diese Aufgabe eine gute Übung dar, weil die Vorgaben es erleichtern, die Inhaltsangabe zu verfassen. Aufgabe 2 ermöglicht eine Pro-und-Kontra-Diskussion. Die Schüler betrachten die Flucht von unterschiedlichen Standpunkten aus.

Abschließend eignet sich der Schreibanlass „Aussichtslos? – Ein innerer Monolog über die Einsamkeit" (siehe S. 37).

Lösung

Aufgabe 1:

1. Zickzack behauptet, dass Zero Stanleys Sklave sei, der für ihn das Loch grabe. (S. 167)
2. Stanley entgegnet, dass Zero und er ein Abkommen hätten. (S. 167)
3. Damit gibt sich Zickzack nicht zufrieden. Er provoziert und schlägt Stanley, bis dieser schließlich die Geduld verliert und leicht zurückschlägt. (S. 167 ff.)
4. Stanley steckt mehrere heftige Schläge ein, bis Zero einen Arm fest um Zickzacks Hals legt und zudrückt. (S. 171)
5. Deshalb gibt Mr. Pendanski einen Warnschuss aus seiner Pistole ab. (S. 171)
6. Kurze Zeit später kommt die Chefin dazu und Torpedo verrät, dass Zero Stanley jeden Tag beim Graben seines Lochs unterstützt. (S. 173)
7. Sie erfährt von Stanley, dass er im Gegenzug Zero das Lesen und Schreiben beibringt. (S. 173)
8. Daraufhin verbietet die Chefin diese Vereinbarung. (S. 175)
9. Zero weigert sich, ein weiteres Loch zu graben. (S. 175)
10. Nun versucht Stanley, die Chefin davon zu überzeugen, dass er sein Loch graben und Zero dennoch das Lesen beibringen könne. (S. 175)
11. Die Chefin glaubt hingegen, dass dies nur zu Ärger führe, da Zickzack fast gestorben sei. (S. 176)
12. Auch Mr. Pendanski findet ein Gegenargument: In seinen Augen ist Zero nicht intelligent genug, um Lesen zu lernen. (S. 176)
13. Erneut stellt Zero klar, dass er kein Loch mehr grabe. (S. 176)
14. Als Mr. Pendanski ihm die Schaufel reicht, schwingt Zero diese so stark, dass das Metallblatt das Gesicht des Aufsehers trifft. (S. 176)
15. Mit der Schaufel als Schutzschild verlässt Zero schließlich das Camp. (S. 176)
16. Stanley hofft, dass Zero den Großen Daumen erreicht hat und dass es für seine Rettung nicht zu spät ist. (S. 184)
17. Als Mr. Sir wieder seine Runde dreht, schnappt sich Stanley den Wagen und fährt los, bis er in einem Loch landet. (S. 185 ff.)
18. Er rennt los und beschließt, so lange wie möglich weiterzugehen. (S. 187 f.)
19. Schließlich bewegt sich Stanley auf einen Gegenstand zu, der sich als Boot „Mary Lou" herausstellt und unter dem sich Zero versteckt hat. (S. 194 ff.)

Aufgabe 2:

Pro: Stanley und Zero haben die Machtstrukturen durchbrochen. Die Flucht war spontan und obwohl die Jungen keine Vorbereitungszeit hatten, ist sie geglückt. Zero hat unter dem Boot „Mary Lou" Zuflucht gefunden. Ein nach Pfirsich schmeckender Saft stillt ihren Durst.

Kontra: Stanley und Zero sind noch nicht in Sicherheit. Ohne Wasser, geschwächt und weitgehend orientierungslos können die beiden nicht überleben. Sie sind gezwungen, irgendwann ins Camp zurückzukehren: Die Wüste ist für sie eine Sackgasse. Wie im Lager sind sie in der Weite „eingeschlossen" (vgl. den Begriff „Robinsonade"). Die Flucht ist daher nicht bzw. nur teilweise geglückt, weil sich die Situation noch nicht dauerhaft verbessert hat (Überleben im Camp vs. Überleben in der Wüste).

KV Seite 39

Letzte Hoffnung: Großer Daumen

In herausfordernden Situationen wechseln sich Hoffnung und Verzweiflung häufig ab. Oft ist es hilfreich, ablenkende Gedanken oder Handlungen zuzulassen. Diese Erkenntnis gewinnen die Schüler auf dem Arbeitsblatt. Im ersten Schritt vergegenwärtigen sie sich die hoffnungsvollen Ausgangsgedanken der Jungen (Aufgabe 1), bevor sie in den Aufgaben 2 und 3 den Weg unter den Aspekten Hoffnung und Verzweiflung rekonstruieren.

Dabei entwickeln die Jugendlichen ein Bewusstsein für verschiedene Gedanken- und Handlungsmechanismen in Notsituationen.

Lösung
Aufgabe 1:
Stanley: Der Berg hat dem Urgroßvater das Leben gerettet.
Zero: Es kann nur besser werden.

Aufgabe 2:

Stichworte	Seite	Nr.
Gedanken an den Tod	S. 206	4
Fund der Zwiebel	S. 219	14
Erwartungen an das Ziel	S. 208	8
Zero steht wieder auf	S. 206	5
Das Ziel kommt nicht näher	S. 204	2
Wir schaffen das!	S. 210	9
Lehm und Wasser	S. 218	13
„Geruch der Verzweiflung“	S. 217	12
Gedanken an eine Umkehr	S. 205	3
Gedanken an Eltern und Tod	S. 207	7
Buchstabieren von Wörtern	S. 206 (S. 214)	6 (10)
Daumen hoch und losziehen	S. 203	1
Pflanzen und Mücken	S. 215	11
Buchstabieren von Wörtern	S. 214 (S. 206)	10 (6)

Aufgabe 3:

H	X				X	X		X	X	X	X		X	X
V		X	X	X			X					X		
	1	2	3	4	5	6	7	8	9	10	11	12	13	14

Feststellung: Je näher die Jungen ihrem Ziel kommen, desto größer wird die Hoffnung. Nach einem kurzen Moment der Verzweiflung siegt am Ende die Hoffnung.

KV Seite 40

Das Geständnis
Mithilfe des Arbeitsblatts führen sich die Schüler vor Augen, dass sich das Verhältnis zwischen Stanley und Zero im Verlauf des Romans verändert hat. Dieses Bündnis ist die Voraussetzung dafür, dass Stanley unbewusst die Aufgaben seines Ururgroßvaters erfüllt und damit den Fluch auflöst.

In Aufgabe 1 entschlüsseln die Schüler die einzelnen Schritte von Zeros Geständnis: Er hat die Turnschuhe gestohlen, die zu Stanleys Verurteilung geführt haben. In Aufgabe 2 versetzen sie sich in Stanleys Gefühlslage. Anhand seiner Reaktionen arbeiten sie die Intentionen heraus, die sich hinter seinen Äußerungen verbergen. Indem die Jugendlichen passende Bezüge herstellen, lösen sie Zeros frühere Andeutungen auf (Aufgabe 3). Bei Aufgabe 4 handelt es sich um einen Reflexionsauftrag. Nutzen Sie dafür ggf. die Methode „Kugellager“ (siehe Kasten auf S. 37).

Um das Kommunikationsverhalten der beiden Jungen weiter zu untersuchen, bietet sich abschließend der Gesprächsanlass „Die vier Seiten einer Nachricht“ an (siehe S. 37).

Lösung
Aufgabe 1:
Zero hat die Turnschuhe gestohlen. (S. 222)
Zero nimmt die Schuld auf sich. (S. 222)
Zero wusste nicht, dass die Schuhe Clyde Livingston gehört haben. (S. 222 f.)
Zero entschuldigt sich für seine Tat. (S. 223)

Aufgabe 2:

Stanleys Reaktionen	Ausdruck von …
„Sprich jetzt nicht. Spar dir deine Kräfte auf für später.“ (S. 222)	z. B. Fürsorge
„Ich hör dir zu.“ (S. 222)	z. B. Verständnis
„Schon gut. Ruh dich jetzt aus.“ (S. 222)	z. B. Beruhigung
„Keiner hat Schuld.“ (S. 222)	z. B. Besänftigung
„Schon gut. Ruh dich aus!“ (S. 223)	z. B. Beruhigung
„Was für Schuhen?“ (S. 223)	Erstaunen

Aufgabe 3:
Kapitel 9: „Hatten die Schuhe ein rotes X auf der Sohle?“ (S. 63)
Kapitel 22: „Du hast auch die Turnschuhe nicht geklaut.“ (S. 123)

Aufgabe 4:
Das Verhältnis zwischen Stanley und Zero hat sich grundlegend verändert: Die zwei Jungen sind Freunde geworden. Zeros Geständnis stellt einen großen Vertrauensbeweis dar. Was er vorher nur angedeutet hat, kann er jetzt offen aussprechen. Stanleys Fürsorge zeigt, dass Zero ihm wichtig ist.

Kugellager
Bei dieser Gesprächsmethode sitzen sich die Schüler in einem Außen- und Innenkreis paarweise gegenüber. Sie tauschen sich zu einer Fragestellung oder einem Thema aus. Durch das regelmäßige Rotieren des Außenkreises entstehen neue Gesprächstandems. Dies führt dazu, dass die Schüler ihre Erkenntnisse bei jedem Wechsel der Gesprächspartner erweitern.

Gesprächs- und Schreibanlässe

Stanley und Zero – zwei moderne Robinson Crusoes?
Präsentieren Sie den Schülern zunächst die folgende kurze Zusammenfassung des Literaturklassikers „Robinson Crusoe“: „Robinson Crusoe bereist als Kaufmann die Weltmeere. Eines Tages zieht ein Sturm auf und das Schiff geht unter. Robinson überlebt und wird an den Strand einer fremden Insel gespült. Auf sich allein gestellt muss er lernen zu überleben. Dann trifft er auf den Eingeborenen ‚Freitag‘, mit dem er gegen gefährliche Kannibalen kämpft.“

Stellen Sie nun zur Diskussion, ob Stanley und Zero zwei moderne Robinson Crusoes sind. Die Schüler erkennen Ähnlichkeiten zu Daniel Defoes Protagonisten: Stanley und Zero haben zu Beginn unabhängig voneinander gelernt, allein (im Camp) zu überleben. Nach und nach unterstützen sie sich gegenseitig. Auch Stanley und Zero kämpfen gegen „Kannibalen“, d.h. die Aufseher, deren ausbeuterisches Handeln das Leben der beiden Jungen bedroht. Außerdem halten sie zusammen, um der Einsamkeit und Perspektivlosigkeit der Wüste zu entgehen.

Aussichtslos? – Ein innerer Monolog über die Einsamkeit
Robinson Crusoe lebt mehrere Jahre einsam auf der Insel. Deshalb wird diese Art der Einsamkeit als Robinsonade bezeichnet. Die Robinsonade findet sich in vielen Romanen als literarisches Motiv wieder, das die Schüler in Form eines inneren Monologs ausgestalten. Wiederholen Sie zunächst dessen Kennzeichen (siehe Kasten rechts).

Arbeitsaufträge:
- Versetze dich in Stanleys oder Zeros Lage in der Wüste. Verfasse einen inneren Monolog mit dem Titel: „Aussichtslos? – Ein innerer Monolog über die Einsamkeit“.
- Präsentiere deinen Monolog im Plenum.

Für leistungsschwächere Schüler bieten Sie als Differenzierung folgende Schreibimpulse an:

- Es ist ein Kampf gegen die Natur, da …
- Hier herrscht eine erdrückende Stille, weil …
- Ich bin unfreiwillig gefangen, denn …

Innerer Monolog
Ein innerer Monolog ist ein Selbstgespräch, in dem Gedanken und Gefühle einer literarischen Figur zu einem Thema schriftlich ausgestaltet werden. Der Protagonist beschreibt die Ausgangssituation, die zu seinem aktuellen Umstand geführt hat. Danach erläutert er den Ist-Zustand mithilfe von Gedanken und Gefühlen. Der innere Monolog steht in der Zeitform Präsens.

Die vier Seiten einer Nachricht
Zeros und Stanleys Gesprächsverhalten lässt sich mit Friedemann Schulz von Thuns Vier-Seiten-Modell beschreiben. Die Schüler stellen fest, auf welchen Kommunikationsebenen die Jungen miteinander sprechen (S. 222 f.). Stellen Sie zunächst die einzelnen Ebenen vor. Zeigen Sie ggf. ein Erklärvideo aus dem Internet (z.B. *https://www.br.de*, Stichwort: Schulz von Thun). Lesen Sie nun die einzelnen Aussagen vor. Die Schüler stehen auf, wenn sie zustimmen. Sonst bleiben sie sitzen. Sie begründen ihre Meinung.

Sachebene:
☐ Zero spricht sachlich ohne persönliche Meinung.
☐ Stanley spricht sachlich ohne persönliche Meinung.

Appellebene:
☒ Zero fordert zu einer Handlung auf. → Er beharrt darauf, dass Stanley ihm zuhört.
☒ Stanley fordert zu einer Handlung auf. → Er sieht, dass Zero angestrengt versucht, ihm etwas zu erzählen. Er sorgt sich und rät Zero zur Ruhe.

Selbstoffenbarungsebene:
☒ Zero gibt einen Einblick in seine Gefühle. → Zero hat Schuldgefühle, da er die Schuhe gestohlen und die Wahrheit verschwiegen hat.
☒ Stanley gibt einen Einblick in seine Gefühle. → Stanley kann Zeros Geständnis kaum glauben.

Beziehungsebene:
☒ Zero spricht die Grundzüge der Freundschaft an. → Zero vertraut Stanley. Deshalb glaubt er, dass ihre Freundschaft die Wahrheit aushält.
☒ Stanley spricht die Grundzüge der Freundschaft an. → Stanley kümmert sich trotz Zeros Geständnis weiter um ihn.

Bloß weg von hier!

Stanley und Zero helfen sich gegenseitig: Lesen und Schreiben lernen gegen Löcher graben. Die Jungen aus Zelt D stört diese Abmachung. Für Stanley und Zero hat dies ungeahnte Folgen.

1. Lies die Kapitel 30 bis 35. Rekonstruiere die Ereignisse, indem du die Satzanfänge in deinem Heft vervollständigst.

1. Zickzack behauptet, dass Zero …
2. Stanley entgegnet, dass Zero und er …
3. Damit gibt sich Zickzack nicht zufrieden. Er provoziert und schlägt Stanley, bis …
4. Stanley steckt mehrere heftige Schläge ein, bis …
5. Deshalb gibt Mr. Pendanski …
6. Kurze Zeit später kommt die Chefin dazu und Torpedo …
7. Sie erfährt von Stanley, dass …
8. Daraufhin verbietet …
9. Zero weigert sich, …
10. Nun versucht Stanley, …
11. Die Chefin glaubt hingegen, dass …
12. Auch Mr. Pendanski findet ein Gegenargument: In seinen Augen …
13. Erneut stellt Zero klar, dass …
14. Als Mr. Pendanksi ihm die Schaufel reicht, …
15. Mit der Schaufel als Schutzschild …
16. Stanley hofft, dass Zero …
17. Als Mr. Sir wieder seine Runde dreht, schnappt sich Stanley …
18. Er rennt los und beschließt, …
19. Schließlich bewegt sich Stanley …

2. Beurteilt, ob Zeros und Stanleys Flucht geglückt ist.

Letzte Hoffnung: Großer Daumen

Stanley und Zero machen sich auf den Weg ins Ungewisse.

1. Warum setzen die beiden ihre letzte Hoffnung in den Großen Daumen?

Stanley (S. 120): ____________________

Zero (S. 203): ____________________

2. Gedanken, Taten und Entdeckungen begleiten die Jungen auf ihrem Weg. Lies die Seiten 203 bis 219. Bringe die Stichworte in die richtige Reihenfolge, indem du sie von 3 bis 14 nummerierst. Gib jeweils die Seitenzahl an.

Stichworte	Seite	Nummer
Gedanken an den Tod		
Fund der Zwiebel		
Erwartungen an das Ziel		
Zero steht wieder auf		
Das Ziel kommt nicht näher	S. 204	2
Wir schaffen das!		
Lehm und Wasser		
„Geruch der Verzweiflung“		
Gedanken an eine Umkehr		
Gedanken an Eltern und Tod		
Buchstabieren von Wörtern		
Daumen hoch und losziehen	S. 203	1
Pflanzen und Mücken		
Buchstabieren von Wörtern		

3. Entscheide, ob die Stichworte aus Aufgabe 2 Hoffnung (H) oder Verzweiflung (V) ausdrücken. Kreuze an und verbinde die Markierungen. Was stellst du fest?

H	X													
V		X												
	1	2	3	4	5	6	7	8	9	10	11	12	13	14

Feststellung: ____________________

____

____

____

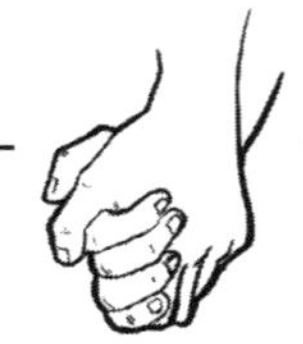

Das Geständnis

Auf dem Großen Daumen hat Zero das dringende Bedürfnis, Stanley etwas zu sagen.

1. Notiere Zeros Geständnis in vier Schritten. Lies dazu Seite 222 / 223.

Zero ______________________________

Zero ______________________________

Zero ______________________________

Zero ______________________________

2. Stanley reagiert auf Zeros Erklärungsversuche. Was drückt er mit seinen Äußerungen aus? Wähle jeweils einen passenden Begriff und trage ihn in die Tabelle ein.

Vorwurf   Erstaunen   Beruhigung   Fürsorge   Mitleid

Besänftigung   Leugnung   Verständnis   Ignoranz

Stanleys Reaktionen	Ausdruck von …
„Sprich jetzt nicht. Spar dir deine Kräfte auf für später." (S. 222)	
„Ich hör dir zu." (S. 222)	
„Schon gut. Ruh dich jetzt aus." (S. 222)	
„Keiner hat Schuld." (S. 222)	
„Schon gut. Ruh dich aus!" (S. 223)	
„Was für Schuhen?" (S. 223)	

3. Zero hat bereits zu früheren Zeitpunkten den Diebstahl der Schuhe angedeutet. Finde die passenden Textstellen. Schreibe sie auf.

Kapitel 9: ______________________________

Kapitel 22: ______________________________

4. Hat sich das Verhältnis zwischen Stanley und Zero verändert? Erkläre mithilfe der Ergebnisse auf dem Arbeitsblatt.

40. bis 50. Kapitel: Das Ende von Camp Green Lake

Inhalt

(40) Stanley zieht eine Zwiebel mit Wurzel aus dem Boden. Als Sam gelebt hat, haben seine Zwiebeln fiebersenkend gewirkt. Stanley und Zero verschlafen die nächsten beiden Tage. Zwischendurch essen sie Zwiebeln und trinken Lehmwasser. Stanley holt die Schaufel und den Sack. Er ist erstaunt, wie weit er Zero getragen hat.

(41) Zero erholt sich und erzählt, dass er die Turnschuhe aus dem Heim für Straßenkinder gestohlen hat. Dass sie Clyde Livingston gehört haben, davon habe er nichts gewusst. Zero sagt, er habe die Turnschuhe unbemerkt angezogen und kurze Zeit später auf ein parkendes Auto gestellt. Am nächsten Tag sei er verhaftet worden, weil er ein Paar Schuhe aus einem Geschäft gestohlen habe.

(42) Stanley hält alles, was passiert ist, für Schicksal. Er überlegt, wie es weitergehen soll, und denkt darüber nach, ob sich am Fundort der Lippenstifthülse auch ein Schatz verbergen könnte. Stanley fragt Zero, ob er noch ein letztes Loch graben würde.

(43) Stanley und Zero steigen mit dem Sack Zwiebeln, den Wassergläsern und der Schaufel den Berg hinab. Stanley rutscht aus, der Proviant bleibt nahezu unversehrt. Obwohl es heiß ist und beide Durst haben, will zunächst keiner das kostbare Wasser trinken. Während die beiden eine Pause einlegen, erzählt Zero, dass seine Mutter eines Tages einfach nicht wiedergekommen sei. Sie erreichen schließlich das Camp, verstecken sich in zwei Löchern und warten, bis alle schlafen.

(44) Stanley gräbt in dem Loch, in dem er das Röhrchen gefunden hat. Zero schleicht sich in die Küche und kommt mit Cornflakes zurück. Dann arbeiten sie weiter. Stanley stößt auf einen großen harten Gegenstand. Er legt einen Metallkoffer frei und reicht ihn Zero. Da ertappt die Chefin die beiden.

(45) Im Beisein von Mr. Pendanski und Mr. Sir will die Chefin Zero den Koffer wegnehmen. Sie weicht zurück, als sie eine gelb gefleckte Eidechse erblickt. Es tauchen weitere Tiere auf, die auf dem Koffer und den Jungen sitzen. Die Chefin will abwarten, bis die Eidechsen ihr Problem erledigen. Sie erinnert sich, dass sie als Kind ihren Eltern beim Graben der Löcher zugesehen habe. Später habe sie selbst graben müssen.

(46) Mr. Sir erschießt eine Eidechse. Die Chefin rechnet mit dem Tod der Jungen. Sie konstruiert eine Erklärung für die Anwältin und den höchsten Justizbeamten. Während Stanley versucht, an etwas Schönes zu denken, verkündet Mr. Sir, dass dessen Unschuld bewiesen sei und seine Anwältin ihn am Vortag abholen wollte.

(47) Die Sonne steigt höher und die Eidechsen verkriechen sich in den Schatten. Zero fragt Stanley, ob sein Nachname der rückwärts gelesene Vorname sei. Stanleys Anwältin erscheint und erklärt, dass er nach Hause könne. Die Chefin behauptet, dass die beiden Jungen den Koffer aus ihrem Büro gestohlen hätten. Stanley streitet das ab. Kurz darauf klettert er aus dem Loch. Zero sagt, der Koffer gehöre Stanley, da sein Name darauf stehe.

(48) Die Chefin versucht weiter, durch Lügen in den Besitz des Koffers zu gelangen. Die Anwältin Ms. Morengo will mit Stanley das Camp verlassen. Stanley möchte, dass Zero mitkommt. Ms. Morengo will Zeros Akte sichten, die aber als verschwunden gilt. Der Attorney General führt mit der Chefin ein Gespräch in ihrem Büro. Da Zeros Daten nicht abrufbar sind, sieht Ms. Morengo keine Grundlage für seinen Verbleib im Camp. Sie nimmt Zero mit.

(49) In Green Lake gibt es erst gelb gefleckte Eidechsen, seitdem der See ausgetrocknet ist. Schon zu seinen Lebzeiten hat der Zwiebelhändler Sam dem reinen Zwiebelsaft als Abwehrmittel vertraut, weil die Eidechsen kein „Zwiebelblut“ mögen. In Ms. Morengos Auto erfahren Stanley und Zero, dass sie als Patentanwältin für Stanleys Vater arbeitet, der ein Mittel gegen Fußschweiß erfunden hat. Nachdem sie von Stanleys Geschichte gehört hatte, stellte sie Recherchen an und bewies seine Unschuld. Als Zero erzählt, dass er die Schuhe gestohlen habe, fordert die Anwältin Zeros Stillschweigen. Sie gibt den Jungen ein nach Pfirsich duftendes Probefläschchen des Mittels, das noch keinen Namen hat. Über dem See beginnt es zum ersten Mal seit über hundert Jahren zu regnen.

Teil 3: Löcher werden gefüllt

(50) Die Besserungsanstalt Green Lake wird geschlossen und zu einem Camp für Pfadfinderinnen umgestaltet. In dem Koffer befinden sich Schmuck und die alten Wertpapiere von Stanleys Urgroßvater, für die knapp zwei Millionen Dollar ausgezahlt werden. Stanley baut ein Haus mit einem Labor. Sein Vater ist mit seinem Mittel gegen Fußschweiß erfolgreich und Clyde Livingston macht Werbung für „Ssplisch“. Zero beauftragt eine Detektei und findet seine Mutter wieder. Zusammen feiern alle im Hause der Yelnats eine Party.

Unterrichtsschwerpunkte

- Symbole deuten
- Abläufe rekonstruieren
- Reaktionen der Figuren nachvollziehen
- Angst und Hindernisse überwinden
- Werbung analysieren

Zu den Kopiervorlagen

KV Seite 47

Zwiebeln sind die Rettung

Im Vorfeld bietet sich der Gesprächsanlass „Wer oder was hat dich gerettet?" an (siehe S. 45). Leiten Sie dann zum Arbeitsblatt über. Alle Aufgaben fördern das Symbolverständnis der Schüler. In Aufgabe 1 gelingt dies, indem sie die Bedeutungs- und die Textebene kombinieren. In den Aufgaben 2 und 3 steht der Transfer im Mittelpunkt: Die Jugendlichen übertragen die symbolische Bedeutung der Zwiebel auf den Roman. Dabei beschäftigen sie sich mit den Aspekten Tod und Leben.

Lösung

Aufgabe 1:

- Dankbarkeit: Stanley ist ausgehungert und findet die erste Zwiebel. (S. 224)
- Heilung: Becca trinkt fiebersenkenden Zwiebelsaft. Zero erholt sich langsam. (S. 225, S. 227)
- Freude: Mary Lou frisst Zwiebeln, die Mrs. Tennyson ihr vom Restgeld kauft. (S. 227)
- Schutz: Die Wassergläser gehen nicht kaputt, weil die Zwiebeln sie schützen. (S. 243)

Aufgabe 2:

Die Zwiebel hat allen Figuren geholfen: Becca überlebt ihre Krankheit, Zero kommt wieder zu Kräften, Stanley verhungert nicht. Sie kann Sam zwar nicht vor dem Sterben bewahren. Aber seine Pflanzen wachsen weiter und retten über seinen Tod hinaus das Leben anderer.

Aufgabe 3:

Stanley geht über seine körperlichen Grenzen (z. B. Löcher graben, Zero auf den Berg tragen). Er lernt, widerstandsfähiger zu werden und durchzuhalten.

KV Seite 48

In der Falle

Nutzen Sie für den Unterrichtseinstieg den Gesprächsanlass „Risiko" (siehe S. 45). Anschließend bearbeiten die Schüler das Blatt. Die ersten beiden Aufgaben erfordern genaues Lesen, um die korrekten Aussagen zu identifizieren, fehlerhafte Informationen richtigzustellen und mit einer Quellenangabe zu versehen. In Aufgabe 3 analysieren die Schüler die Verhaltensweisen der Erwachsenen, nachdem diese die Eidechsen bei Stanley und Zero entdeckt haben. Fragen Sie abschließend nach den Hintergründen: Die Chefin hat nur den Koffer im Kopf. Auch die Betreuer interessieren sich nicht für das Wohl der Jungen, sondern wollen vor allem die Zustände im Camp verheimlichen.

Lösung

Aufgabe 1:

1. Stanley und Zero harren in zwei Löchern aus, bis es im Camp still wird.	X	W
2. Zunächst finden sie das Loch nicht, in dem Stanley das goldene Röhrchen entdeckt hat.		I
3. Stanley und Zero klettern erneut in zwei Löcher, bis alle im Camp schlafen.	X	E
4. Da Stanley zu groß für die Löcher ist, gräbt Zero ein neues Loch.		S
5. Zero gräbt immer tiefer, denn Stanley ist überzeugt, dass Kissin' Kate dort eine Schatzkiste versteckt hat.		T
6. Stanley schiebt die Erdbrocken zur Seite und stößt auf einen harten Gegenstand.	X	R
7. Mit der Schaufel gelingt es Stanley, den Gegenstand freizulegen.	X	T
8. Schließlich zieht er einen Rucksack aus der Erde.		U
9. Kurz darauf greifen die Chefin und die anderen Jungen aus Zelt D Stanley und Zero samt Koffer auf.		M

Lösungswort: WERT

Aufgabe 2:

2. „[Das Loch] war immer noch an die fünfzig Yards entfernt, aber Stanley war sich ziemlich sicher, dass es das richtige war." (S. 251)
4. „Stanley stieß die Schaufel am Boden des Lochs in die Erde und trat auf die Oberkante des Schaufelblatts." (S. 253)
5. „Falls Kate Barlow eine Schatzkiste vergraben hatte, dann wäre sie vermutlich nicht in der Lage gewesen, viel tiefer zu graben. Warum sollte [Stanley] es dann tun?" (S. 254)
8. „Er grub mit den Händen, bis er den ledernen Griff fühlen konnte, dann zog er den Koffer aus der Erde heraus." (S. 258)

9. „‚Danke schön‘, sagte die Chefin. ‚Ihr habt mir sehr geholfen, Jungs.‘ [...] Mr. Pendanski hielt die Lampe. Mr. Sir stand mit gezogener Pistole neben ihm [...].“ (S. 258 f.)

Aufgabe 3:
- die Chefin: zuversichtlich, abwartend
- Mr. Pendanski: hilflos, zynisch
- Mr. Sir: besorgt, vorausschauend

KV Seite 49

Showdown mit Eidechsen

Die Schüler untersuchen den Handlungsverlauf der dramatischen Ereignisse der Kapitel 46 und 47 mithilfe der vorliegenden Erzählkurve. Dabei trainieren sie das sinnerfassende Lesen und erkennen Zusammenhänge. In Aufgabe 2 vergegenwärtigen sich die Jugendlichen Stanleys Bewältigungsstrategie, die ein Muster für eine eigene Notsituation darstellen kann. Aufgabe 3 erfordert eine vertiefte Analyse auf der Bedeutungsebene: Die Schüler erläutern die Enttäuschung der Chefin.

Lösung

Aufgabe 1:

Formaler Handlungsverlauf:

③ Höhepunkt
⑥ Schluss
④ Verzögerung
⑤ Wendepunkt
② steigende Handlung
① Beginn

Inhaltlicher Handlungsverlauf:

③	Plötzlich spürt Stanley seitlich einen Stich am Hals.
②	Auch Zero bewegt sich nicht, obwohl eine Eidechse auf seiner Schulter sitzt.
⑥	Stanley schwingt sich über den Rand des Lochs. Das letzte Tier springt von ihm herunter.
①	Mr. Sir erschießt eine Eidechse. Die Eidechsen flitzen über Stanleys reglosen Körper.
⑤	Die Sonne steigt höher und die Eidechsen verziehen sich tiefer in das Loch.
④	Die Eidechse springt von Stanleys Hals und stürzt sich auf die Tarantel.

Aufgabe 2:

Gesicht seiner Mutter, gemeinsames Wintererlebnis, Lachen statt Weinen, Kälte des Schnees, Kakao

Aufgabe 3:

... sind von den Eidechsen nicht getötet worden.
... sind Zeugen für die Machenschaften im Camp.
... besitzen den Koffer.

KV Seite 50

Nichts als die Wahrheit?!

Für diese Kopiervorlage rund um Lüge und Wahrheit bilden die Kapitel 47 bis 49 die Basis. Die Arbeitsaufträge unterstützen die moralische Entwicklung der Schüler. In Aufgabe 1 betrachten sie die Argumentationsstruktur der Chefin kritisch. Aufgabe 2 beleuchtet die manipulative Wirkung von Sprache. Die letzte Aufgabe dient der moralischen Urteilsbildung der Jugendlichen: Sie entschlüsseln die Sprache des Justizbeamten, indem sie auch die Aussagen „zwischen den Zeilen“ wahrnehmen.

Falls die Schüler das letzte Kapitel bereits gelesen haben, eignet sich an dieser Stelle der Gesprächsanlass „Lügen haben kurze Beine“ (siehe S. 45).

Lösung

Aufgabe 1:

Wiederholung der ersten falschen Behauptung ④
ablenkende Äußerung ②
Korrektur der ersten falschen Behauptung ⑤
erste falsche Tatsachenbehauptung ①
weitere falsche Tatsachenbehauptung ③

Aufgabe 2:

Als Patentanwältin hilft sie in Wahrheit Stanleys Vater mit dessen neuem Produkt. Sie erfährt dadurch von Stanleys Geschichte und überzeugt im Camp als Stanleys Anwältin.

Aufgabe 3:

Dafür spricht:
- Kenntnis über die Zustände im Camp: „Ich weiß, du hast es eilig hier rauszukommen [...].“ (S. 278)
- Verharmlosung der Zustände im Camp: „Dein Freund ist nicht in Gefahr.“ (S. 278)
- Beschwichtigungsversuche: „Es wird eine gerichtliche Untersuchung geben zu allem, was hier vorgefallen ist. Fürs erste [sic] untersteht das Lager meiner Aufsicht.“ (S. 278) (Hinweis: Dies war auch zuvor schon der Fall, vgl. S. 182.)
- Schuldverschiebung: „Was für eine Anstalt betreiben Sie hier eigentlich, Ms. Walker?“ (S. 279)
- Absprachen: „Kurze Zeit später erschien [der Attorney General] wieder und sagte der Chefin, er wolle sie sprechen.“ (S. 279)

- Vertuschung der Zustände: „Mein Büro hat gewisse Schwierigkeiten damit, Daten über Hector Zeroni ausfindig zu machen.“ (S. 281)
- unbeabsichtigte Preisgabe von Wissen: „Es ist, als ob er durch ein Loch im Cyberspace gefallen wäre.“ (S. 282)
- Sprachlosigkeit aufgrund von Enttarnung: „Der Attorney General starrte [Ms. Morengo] an. [...] Der Attorney General schwieg.“ (S. 282)

Dagegen spricht:
Manche der obigen Aussagen und Reaktionen des Attorney Generals könnten auch auf Unwissenheit und echtes Entsetzen über die Zustände im Camp hindeuten.

Aber: Seine Aussage über das „Loch im Cyberspace“ könnte man so auslegen, dass er über die Vernichtung von Zeros Unterlagen Bescheid weiß – auch wenn die Chefin das verhindern wollte (S. 182). Zusammen mit ihrer Äußerung („Glauben Sie, dass sie es sind?“ – S. 270), die eine Absprache des Besuchs vermuten lässt, scheint es, als wäre der Attorney General in die Machenschaften des Camps eingebunden. Auch auf die vielen Löcher auf dem Gelände reagiert er nicht überrascht. Obwohl einiges dafür spricht, dass er Mitwisser ist, wäre es womöglich schwierig, ihm eine „Verstrickung“ nachzuweisen.

KV Seite 51

„Ssplisch“ – ein Wundermittel?

Werbung steht im Zentrum dieses Arbeitsblatts. Die Schüler setzen sich mit dem AIDA-Prinzip auseinander, um die Methoden und Wirkungsweisen von Werbung am Beispiel des Werbespots für das Produkt „Ssplisch“ zu begreifen. Als interessante Information am Rande können Sie einfließen lassen, dass die Werbeblöcke, die den amerikanischen Super Bowl unterbrechen, bis heute die teuersten (und womöglich wirkungsvollsten) der Welt sind.

In Aufgabe 3 beurteilen die Schüler, ob „Ssplisch“ ein Wundermittel ist. Dabei beziehen sie sowohl die eingelegten Pfirsiche als auch das Kosmetikprodukt in ihre Überlegungen ein und suchen Textbelege im Roman.

Der gestalterische Auftrag „Und Action!“, den Sie in der Rubrik „Kreativ aktiv“ finden, kann die Unterrichtsstunde abrunden (siehe S. 46).

Lösung

Aufgabe 1:
z. B. Der Saft der eingelegten Pfirsiche, die Zero unter dem Boot gefunden hat, prickelt beim Trinken.

Aufgabe 2:
A – attention – Aufmerksamkeit erregen – „Hi, ich bin Clyde Livingston, [...] Sweet Feet. [...] Es war allerdings nicht immer so, dass der Name zu meinen Füßen gepasst hätte. Im Gegenteil [...].“ (S. 294)
I – interest – Interesse wecken – „Dann hat mir ein Mannschaftskamerad von Ssplisch erzählt.“ (S. 294)
D – desire – Wünsche und Bedürfnisse hervorrufen – „Ich sprühe [...] meine Füße damit ein und jetzt duften sie geradezu. Außerdem mag ich das Kitzeln an der Fußsohle.“ (S. 294 f.)
A – action – (Kauf-)Handlung erreichen – „Und das Prickeln – es wird Ihnen gefallen!“ (S. 295)

Aufgabe 3:
- „Ssplisch“ – obwohl noch nicht so bezeichnet – ist als Vorläufer ein Zahlungsmittel im Tauschhandel: Katherines eingemachte Pfirsiche gegen Sams Dachreparatur. Es sorgt dafür, dass sich beide näher kennenlernen. (S. 140)
- „Ssplisch“ als „Lebensmittel“ hat Stanley und Zero vor dem Verhungern und Verdursten gerettet. (S. 196 ff.)
- „Ssplisch“ als „Schuhdeo“ ist die erste erfolgreiche Erfindung von Stanleys Vater. (S. 286)
- „Ssplisch“ als Zaubermittel trägt dazu bei, dass es zum ersten Mal seit mehr als hundert Jahren in den ausgetrockneten See regnet. (S. 286 f.)
- „Ssplisch“ als „Kosmetikprodukt“ verbessert Clyde Livingstons Probleme mit Fußschweiß und verhindert seine Ausgrenzung. (S. 294 f.)
- „Ssplisch“ ermöglicht eine Freundschaft zwischen Stanley und dem Baseballer Clyde Livingston. (S. 295)

Ja, „Ssplisch“ ist ein Wundermittel, da es vielseitig und gewinnbringend einsetzbar ist. Das war jedoch nur möglich, weil es in die richtigen Hände gelangt ist und nach und nach „weiterentwickelt“ wurde.

KV Seite 52

Am Ende

Falls die Schüler das letzte Kapitel noch nicht gelesen haben, beginnen Sie den Unterricht mit der Aufgabe „Ich packe meinen Koffer ...“ aus der Rubrik „Kreativ aktiv“ (siehe S. 46). Die Neugier, mit der die Jugendlichen einen imaginären Koffer packen, nutzen Sie als motivierende Überleitung zum Arbeitsblatt.

Aufgabe 1 fasst den Inhalt des Koffers und die daraus resultierenden Konsequenzen für die Figuren in Form eines Rätsels zusammen. Die benötigten Informationen schlagen die Schüler bei Bedarf nach. In Aufgabe 2 sammeln sie Gegenargumente zu einer Aussage des Erzählers, indem sie Stanleys Charakterzüge beleuchten. Auf diese Weise stärken die Schüler ihr Urteilsvermögen. Aufgabe 3 fokussiert die Bedeutsamkeit des wiederkehrenden Liedtextes für die Romanfiguren.

Lösung

Aufgabe 1:
a) WERKSTATT
b) GERING
c) WERTPAPIERE
d) DOLLAR
e) HAUS MIT LABOR
f) BEAUFTRAGEN

Lösungswort: KOFFER

Aufgabe 2:

Veränderung in Stanleys Persönlichkeit:
z. B. Entwicklung von Durchhaltevermögen (Weg zum Großen Daumen)
Veränderung von Stanleys Selbstvertrauen:
z. B. Auftreten gegenüber anderen (vom Außenseiter zum akzeptierten Gruppenmitglied)

Aufgabe 3:

- S. 13: Stanleys Vater singt seinem Sohn das Lied vor.
  Motiv: Der Vater singt, weil Stanley das Lied liebt. Er erhält die Familientradition aufrecht.
- S. 44: Der Ururgroßvater singt dem Schwein vor.
  Motiv: Das Schwein soll wachsen.
- S. 53 f.: Stanleys Ururgroßvater singt seiner Frau Sarah das Lied auf ihren Wunsch hin vor. Als das gemeinsame Kind zur Welt kommt, singt sie Stanleys Urgroßvater jeden Abend vor.
  Motiv: Das Lied wird zur Familientradition. Es schweißt eine Schicksalsgemeinschaft zusammen.
- S. 223: Stanley singt Zero vor, als beide auf den Berg gehen.
  Motiv: Zero ist geschwächt und Stanley möchte ihn nach seinem Geständnis beruhigen. Stanley macht im Gegensatz zu seinem Ururgroßvater alles richtig.
- S. 296: Hectors Mutter singt ihrem Sohn die zweite Strophe vor.
  Motiv: Mutter und Sohn finden sich über eine Detektei wieder. Hector und seine Mutter sind Nachfahren von Madame Zeroni. Dies kann man daraus schließen, dass Hector den gleichen Nachnamen trägt. Durch die zweite Strophe wird der Fluch endgültig gebannt, da sich der Wunsch von Madame Zeroni über Zero erfüllt hat. Darüber hinaus verbindet die zweite Strophe Mutter und Sohn, die sich lange Zeit nicht gesehen haben.

Gesprächsanlässe

Wer oder was hat dich gerettet?
Immer wieder geraten wir in Situationen, in denen uns andere durch ihre Anwesenheit oder durch Worte und Taten beistehen, uns trösten und begleiten. Lassen Sie die Schüler berichten, welche Erfahrungen sie diesbezüglich gemacht haben. Da es sich um einen sehr persönlichen Arbeitsauftrag handelt, empfiehlt es sich, kleine Gesprächsgruppen zu bilden.

Arbeitsauftrag:
Berichte von einer schwierigen Situation: Wer oder was hat dir geholfen? Wem hast du wodurch geholfen?

Risiko
Stanley und Zero planen ihre Rückkehr ins Camp. Doch dieser Entschluss stellt für die Jungen ein Risiko dar.

Mögliche Fragestellungen:

- Bist du schon einmal ein Risiko eingegangen? Erzähle in wenigen Sätzen.
- Warum bist du ein Risiko eingegangen?
- Welche Vor- und Nachteile hatte deine Entscheidung, das Risiko einzugehen?
- Wie ist die Situation ausgegangen?
- Würdest du noch einmal so handeln? Begründe.

Lügen haben kurze Beine
Visualisieren Sie das Sprichwort „Lügen haben kurze Beine" als stummen Impuls im Klassenzimmer. Zunächst erkennen die Schüler, dass die Lüge mit einer Person gleichgesetzt wird. Im Volksmund hat sie kurze Beine. Deshalb kommt sie nicht weit und kann durch verschiedene Umstände aufgedeckt werden. Es geht folglich um die Warnung, dass Lügner leicht entlarvt werden können.

Arbeitsauftrag:
Welche Folgen hat die Aufdeckung der Lügen für die Chefin, deren Mitarbeiter und das Camp selbst? Arbeite anhand der Lektüre vier Konsequenzen heraus.

Lösungsvorschlag:

- Der Attorney General schließt Camp Green Lake. (S. 291)
- Ms. Walker muss das sich im Familienbesitz befindliche Land verkaufen, weil sie dringend Geld benötigt. (S. 291)
- Eine Organisation, die sich dem Wohlergehen junger Mädchen widmet, kauft das Land. (S. 291)
- Aus Camp Green Lake soll in einigen Jahren ein Feriencamp für Pfadfinderinnen werden (S. 291), wodurch

die zynische Bemerkung von Mr. Sir („Das hier ist kein Lager für Pfadfinderinnen.") ironischerweise widerlegt wird.

Kreativ aktiv

Und Action!

Die Schüler entwerfen ein eigenes Werbekonzept. Teilen Sie die Klasse zunächst in Gruppen ein. Jede Gruppe sucht sich ein existierendes Produkt aus oder erfindet ein neues. Die Jugendlichen berücksichtigen das AIDA-Prinzip und gestalten ihre Werbemaßnahme als Radio-, TV- oder Internet-Spot (z. B. mithilfe von „Adobe Spark"). Geben Sie als Hilfestellung folgende Übersicht vor, an der sich die Schüler bei der Formulierung ihrer Ideen orientieren können. Am Ende präsentieren sie ihren Spot.

Die Sprache der Werbung …

- ist einprägsam oder witzig durch: Reime, Slogans, Wortspiele, Wortneubildungen, Doppeldeutigkeiten.
- macht persönlich betroffen durch: Ausrufe, Befehle, Aufforderungen, Behauptungen, persönliche Anreden, Fragestellungen, Dialekte / Regionalität, Akustik, musikalische Untermalung.
- ist schnell durch: Kürze, Auslassungen, leicht verständliche Sprache.

Arbeitsauftrag:
Gestaltet und präsentiert einen Werbespot zu einem Produkt eurer Wahl. Nutzt dafür die Sprache der Werbung. Beachtet das AIDA-Prinzip.

„Ich packe meinen Koffer …"

Ein Schüler beginnt mit dem Satz: „Ich packe meinen Koffer und nehme mit …" und fügt einen Gegenstand hinzu, der sich in Stanleys Koffer befinden könnte. Der nächste Schüler wiederholt den Satz und ergänzt die Packliste um einen weiteren Gegenstand. Sobald jemand den tatsächlichen Inhalt „einpackt" (Juwelen, Wertpapiere), leiten Sie zum Arbeitsblatt über. Nennt niemand die gesuchten Dinge, können Sie erklären, dass „am Ende" noch etwas gefehlt hat, das nun Gegenstand des Unterrichts ist.

Zwiebeln sind die Rettung

Die Zwiebel kommt nicht zufällig vor. Für die Figuren beinhaltet sie etwas Schicksalhaftes.

1. Die Zwiebel ist ein wichtiges Symbol im Roman. Verbinde ihre Bedeutungen mit den passenden Textaussagen. Lies dazu die Seiten 224 bis 227 und Seite 243.

Bedeutungen	Textaussagen
Dankbarkeit •	• Becca trinkt fiebersenkenden Zwiebelsaft. Zero erholt sich langsam.
Heilung •	• Die Wassergläser gehen nicht kaputt, weil die Zwiebeln sie schützen.
Freude •	• Stanley ist ausgehungert und findet die erste Zwiebel.
Schutz •	• Mary Lou frisst Zwiebeln, die Mrs. Tennyson ihr vom Restgeld kauft.

2. Bereits im Altertum sind Zwiebeln eine beliebte Grabbeigabe, um die Unsterblichkeit der Toten zu zeigen. Inwiefern ist die Zwiebel im Roman ein Zeichen für Unsterblichkeit?

____

____

____

____

____

____

3. Das Symbol der Zwiebel lässt sich mit seelischem Wachstum und persönlicher Entfaltung in Verbindung bringen. Übertrage diese Aussage auf Stanleys Entwicklung.

____

____

____

____

In der Falle

Die Jungen verlassen den Großen Daumen und kehren ins Camp zurück. Sie möchten den Schatz ausgraben, den Stanley unter einem der Löcher vermutet. Der Plan ist riskant.

1. Kreuze an, welche Aussagen bei der Suche nach dem Schatz zutreffen. Die richtige Zuordnung ergibt ein Lösungswort.

1. Stanley und Zero harren in zwei Löchern aus, bis es im Camp still wird.		W
2. Zunächst finden sie das Loch nicht, in dem Stanley das goldene Röhrchen entdeckt hat.		I
3. Stanley und Zero klettern erneut in zwei Löcher, bis alle im Camp schlafen.		E
4. Da Stanley zu groß für die Löcher ist, gräbt Zero ein neues Loch.		S
5. Zero gräbt immer tiefer, denn Stanley ist überzeugt, dass Kissin' Kate dort eine Schatzkiste versteckt hat.		T
6. Stanley schiebt die Erdbrocken zur Seite und stößt auf einen harten Gegenstand.		R
7. Mit der Schaufel gelingt es Stanley, den Gegenstand freizulegen.		T
8. Schließlich zieht er einen Rucksack aus der Erde.		U
9. Kurz darauf greifen die Chefin und die anderen Jungen aus Zelt D Stanley und Zero samt Koffer auf.		M

Lösungswort: ____________________

2. Verbessere die falschen Aussagen im Heft, indem du Zitate aus dem Roman auswählst. Belege mit der Seitenzahl.

3. Wie reagieren die Chefin, Mr. Pendanski und Mr. Sir auf die Eidechsen (S. 261)? Verbinde die jeweilige Person mit den passenden Adjektiven.

die Chefin • Mr. Pendanksi • Mr. Sir

hilflos • zuversichtlich • vorausschauend

besorgt • abwartend • zynisch

Showdown mit Eidechsen

Stanley und Zero sitzen in der Falle. Die Chefin hat beide auf frischer Tat ertappt und das ausgehobene Loch entpuppt sich als Eidechsennest.

1. Die Handlung der Kapitel 46 und 47 lässt sich in Form eines dramatischen Modells darstellen. Verdeutliche den Showdown formal und inhaltlich anhand der Erzählkurve. Ordne jeweils die Ziffern 1 bis 6 zu (S. 263 – 275).

Formaler Handlungsverlauf:

- ◯ Höhepunkt
- ◯ Schluss
- ◯ Verzögerung
- ◯ Wendepunkt
- ◯ steigende Handlung
- ◯ Beginn

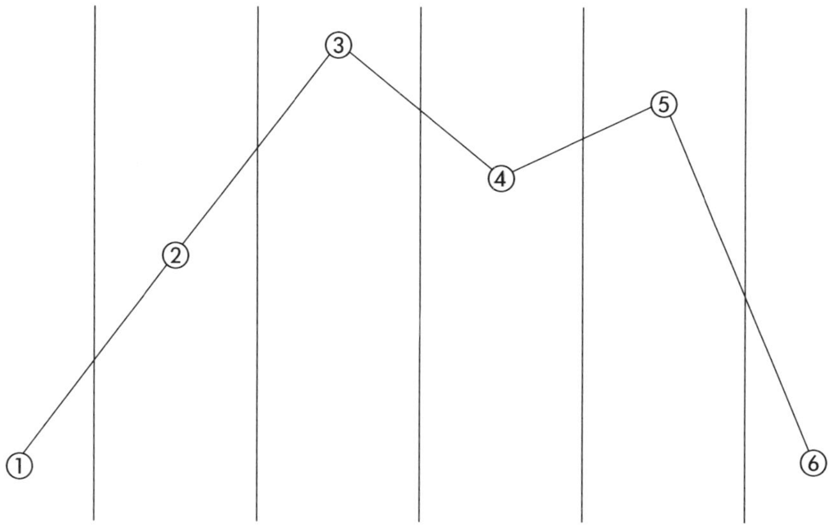

Inhaltlicher Handlungsverlauf:

	Plötzlich spürt Stanley seitlich einen Stich am Hals.
	Auch Zero bewegt sich nicht, obwohl eine Eidechse auf seiner Schulter sitzt.
	Stanley schwingt sich über den Rand des Lochs. Das letzte Tier springt von ihm herunter.
	Mr. Sir erschießt eine Eidechse. Die Eidechsen flitzen über Stanleys reglosen Körper.
	Die Sonne steigt höher und die Eidechsen verziehen sich tiefer in das Loch.
	Die Eidechse springt von Stanleys Hals und stürzt sich auf die Tarantel.

2. Stanley muss in dem Loch ausharren. Welche Bilder und Gedanken begleiten ihn (S. 265 / 266)? Sprich mit einem Partner darüber.

3. Der Attorney General stellt fest: „Es ist ein Wunder, dass sie noch leben.“ (S. 272) Warum ist die Chefin darüber enttäuscht? Notiere drei Gründe.

Stanley und Zero …

____

____

____

Nichts als die Wahrheit?!

Der höchste Justizbeamte des Staates Texas, der Attorney General, und die Anwältin Ms. Morengo erreichen das Camp und entdecken Stanley und Zero in ihrer misslichen Lage.

1. Die Chefin lügt. Ordne jedem Oberbegriff durch Ziffern von 1 bis 5 das passende Zitat zu (S. 272 – 277).

Wiederholung der ersten falschen Behauptung ◯

ablenkende Äußerung ◯

Korrektur der ersten falschen Behauptung ◯

erste falsche Tatsachenbehauptung ◯

weitere falsche Tatsachenbehauptung ◯

② [Ms. Morengo] konnte mir nicht die richtigen Dokumente vorlegen.

③ Stanley lag seit mehreren Tagen auf der Krankenstation. […] Er war absolut nicht in der Verfassung, das Camp zu verlassen.

④ Ihr habt mir den Koffer aus der Hütte gestohlen und ich habe euch auf frischer Tat ertappt.

① [Stanley und Zero] haben sich in meine Hütte geschlichen, als ich schlief, und mir meinen Koffer gestohlen.

⑤ Ich habe nicht gesagt, dass sie den Koffer gestohlen haben. Natürlich ist das [Stanleys] Koffer, aber er hat *meine* Sachen aus *meiner* Hütte hineingetan.

2. Auch Ms. Morengo nimmt es mit der Wahrheit nicht ganz genau. Notiere, wie der Anwältin die perfekte Täuschung gelingt (S. 285).

____

____

____

____

3. Unklar bleibt, ob der Attorney General in die Machenschaften von Camp Green Lake verwickelt ist. Was spricht dafür, was dagegen? Argumentiert.

„Ssplisch“ – ein Wundermittel?

Im Auto erfährt Stanley, dass Ms. Morengo seinen Vater bei einer neuen Erfindung unterstützt: einem Mittel gegen Fußschweiß, das später den Namen „Ssplisch“ erhält. Das lautmalerische englische Wort „splish“ lässt sich mit „kleiner Spritzer“ übersetzen.

1. Wie ist Zero auf den Namen gekommen (S. 197 – 199)? Notiere deine Vermutung.

2. Die Erfindung von Stanleys Vater wird schließlich als „Ssplisch“ mithilfe von Werbung vermarktet. Sie erreicht die Konsumenten durch besondere Methoden.

a) Ergänze die deutschsprachige Bedeutung des AIDA-Prinzips.
b) Analysiere den Werbespot (S. 293 – 295). Schreibe dazu Zitate in die Tabelle.

		a) Bedeutung	b) Zitate
A	attention		
I	interest		
D	desire		
A	action		

3. Ist „Ssplisch“ ein Wundermittel? Begründe deine Meinung.

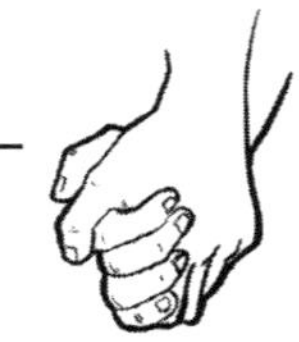

Am Ende

Das Ende von Camp Green Lake hat nicht nur Auswirkungen auf das Lager selbst. Auch für Stanley und Zero hat sich einiges geändert.

1. Löse das Rätsel um den Inhalt des Gepäckstücks aus Camp Green Lake (S. 292 / 293). Trage das Lösungswort unten ein.

a) Wo öffnet Stanleys Vater den Koffer?

			1					

b) Wie ist die Qualität der funkelnden Juwelen?

c) Wozu zählen Aktien, Hypothekenbriefe und Schuldverschreibungen?

	5									

d) In welcher Währung erhalten die Jungen ihren Anteil?

					6

e) Wofür verwendet Stanley seinen Anteil?

										2	

f) Was macht Hector mit dem Geld?

D	E	T	E	K	T	E	I						4				

Lösungswort:

1	2	F 3	4	5	6

2. Der Erzähler behauptet, Veränderungen in Stanleys Persönlichkeit und seinem Selbstvertrauen seien schwer feststellbar (S. 292). Widerlege diese Ansicht.

Veränderung in Stanleys Persönlichkeit: ______________________________

____

Veränderung von Stanleys Selbstvertrauen: ______________________________

____

3. Das Lied für Zero ist eine Fortsetzung (S. 296).

a) Wer singt wem den Liedtext auf den Seiten 13, 44, 53 / 54, 223 und 296 vor?
b) Aus welchen Motiven wird das Lied jeweils gesungen?

Kapitelübergreifende Arbeit

Die folgenden Kopiervorlagen und Unterrichtsvorschläge beziehen sich auf die ganze Lektüre. Die Arbeitsblätter regen die Schüler dazu an, die komplexe Erzählstruktur des Romans zu erfassen, in größeren Zusammenhängen zu denken und ihre Erkenntnisse abschließend in einem Gesamteindruck zu bündeln.

Unterrichtsschwerpunkte

- Informationen verknüpfen
- Figurenkonstellationen untersuchen
- Formen von Gewalt erkennen

Zu den Kopiervorlagen

KV Seite 55

Geschichten in der Geschichte

Im Roman existieren drei miteinander verknüpfte Handlungsebenen: Sowohl die Geschichte um den Ururgroßvater als auch die um Kissin' Kate wirken in Stanleys Geschichte hinein. Das vorliegende Schaubild gibt einen Überblick über die auftretenden Figuren. Die durchgezogenen, nummerierten Linien stellen die direkt erkennbaren Beziehungen zwischen den Akteuren dar. Die gestrichelten Linien zeigen die weniger deutlichen Verbindungen, die sich nach und nach erschließen.

In Aufgabe 1 benennen die Schüler, wodurch die Figuren aus den verschiedenen Ebenen miteinander verbunden sind. So führen sie sich die wiederkehrenden Motive im Roman vor Augen. Die Ergebnisse bilden die Grundlage für Aufgabe 2, in der die Jugendlichen die Rückblende als literarisches Stilmittel erkennen: Sie ermitteln die Absichten, die der Autor damit verfolgt.

Im Anschluss bietet sich der Schreibanlass „Löcher muss man selbst füllen!" an (siehe S. 54).

Lösung

Aufgabe 1:

① Fluch
② Raub des Schatzes (Kissin' Kate überfällt Stanley I.)
③ Bürde/Last/Fluch (Familie Walker sucht Kissin' Kates vergrabene Beute.)
④ Pfirsiche (Die Früchte von Katherine Barlow alias Kissin' Kate sichern Stanley und Zero das Überleben.)
⑤ Schatzsuche für den Boss (Die Jungen müssen nach der Beute von Kissin' Kate graben.)
⑥ Brechen des Fluchs (Stanley als Nachfahre von Elya erfüllt über Zero Madame Zeronis Forderungen.)

Aufgabe 2:

Der Autor bzw. der auktoriale Erzähler …

- beginnt seine Erzählung in der Gegenwart, um auf diese Weise einen Bezug zur Lebenswelt des Lesers herzustellen (z. B. wirtschaftliche Probleme des Vaters, Stanleys Probleme in der Schule).
- erzählt die Vorgeschichte in Form von Rückblenden schrittweise, damit der Leser die Handlung vor dem Hintergrund der Vorgeschichte nach und nach versteht.
- zeigt dem Leser durch Rückblenden, dass er die Geschichte in all ihren Facetten kennt.
- nutzt Rückblenden für den Spannungsaufbau und die Spannungssteigerung.
- gestaltet die Rückblenden so, dass der Leser erst gegen Ende des Romans erkennt: Die einzelnen Geschichten stehen in einem größeren Zusammenhang.

KV Seite 56

Machtmissbrauch

Mit den Intrigen zeigen sich auch die Machtverhältnisse im Camp. Deshalb setzen sich die Schüler in Aufgabe 1 mit den Charakterzügen des Aufsichtspersonals auseinander. Anschließend analysieren sie Äußerungen von Mr. Pendanski, die darauf schließen lassen, dass er „ein Mensch mit zwei Gesichtern" ist (Aufgabe 2). In Aufgabe 3 vergleichen die Schüler die Betreuer und erkennen Ähnlichkeiten in deren Interaktion und Verhalten.

Danach erweitern die Jugendlichen ihre Sozialkompetenz, indem sie Formen des Machtmissbrauchs im Roman erkennen und benennen (Aufgabe 4). Ergänzend eignet sich der Gesprächsanlass „Eskalation im Camp" (siehe S. 54). In der Rubrik „Kreativ aktiv" finden Sie außerdem eine weiterführende Aufgabenstellung zum Thema (siehe S. 54).

Lösung

Aufgabe 1:

die Chefin: z. B. autoritär, hartnäckig, skrupellos
Mr. Sir: z. B. sadistisch, aggressiv, kaltherzig

Aufgabe 2:

z. B. Mr. Pendanski steht auf der Seite der Jungen, da er sie zum respektvollen Umgang miteinander anregt. Er scheint ihre Wünsche und Träume ernst zu nehmen. Gleichzeitig nutzt er wie die anderen Betreuer seine Macht aus und äußert sich herablassend über Zero.

Aufgabe 3:
Grausamkeit und Boshaftigkeit

Aufgabe 4:
a) SCHIKANE, z. B. durch Mr. Sir: „Mr. Sir hielt die Flasche direkt neben den Wasserstrahl." (S. 135)
AUSGRENZUNG, z. B. durch die Chefin: „Und Leseunterricht gibt es auch nicht mehr!" (S. 175)
ABWERTUNG, z. B. durch Mr. Pendanski: „Hier, nimm, Zero. Das ist das Einzige, wofür du je taugen wirst." (S. 176)
DROHUNG, z. B. durch die Chefin: „Es ist wohl wieder an der Zeit, dass ich meine Nägel frisch lackiere." (S. 177)
BELEIDIGUNG, z. B. durch Mr. Pendanski: „Geradeso gut könnte man versuchen, dieser Schaufel Lesen und Schreiben beizubringen! Die hat noch mehr Grips als Zero." (S. 174)
DEMÜTIGUNG, z. B. durch Mr. Sir: „‚So, das dürfte jetzt wohl mehr als genug sein.' Er reichte Stanley die leere Flasche." (S. 136)
NACHSTELLUNG, z. B. „Die Chefin befahl den Betreuern, abwechselnd in den Duschen und im Aufenthaltsraum Wache zu halten, Tag und Nacht." (S. 177)

b) MOBBING

Gesprächs- und Schreibanlässe

Löcher muss man selbst füllen!
Zu den Leerstellen im Roman sagt der Erzähler: „Die Löcher [...] wird [der Leser] selbst füllen müssen." (S. 293)

Arbeitsauftrag:
Wähle eine Figur aus dem Roman aus. Schreibe eine Biografie mit den Informationen aus der Lektüre. Füge auch ausgelassene Angaben hinzu und ergänze Ereignisse, die die Figur in der Zukunft erleben könnte.

Eskalation im Camp
Die Chefin, Mr. Sir und Mr. Pendanski tragen mit ihrem Verhalten zur Eskalation im Camp bei. Auch Zickzack aus Zelt D hat es auf Stanley abgesehen.

Mögliche Fragestellungen:
- Mit welchen Mitteln steigert und verschärft Zickzack den Konflikt?
- Wie versucht Stanley, den Konflikt zu verhindern?
- Wer greift noch ein?

Lösungsvorschlag:
- Provokation (S. 167), Zynismus (S. 167), erneute Provokation (S. 169), Grenzüberschreitung (S. 169), körperliche Gewalt (S. 169 f.), Drohung (S. 170), körperliche Gewalt und Drohung (S. 170 f.)
- Erklärung (S. 167), Ignorieren (S. 167), Weglächeln des Problems (S. 167), Beschwichtigung (S. 168), Selbstbehauptung (S. 169), Abwehr (S. 169), Zurückweichen (S. 169), Beschwichtigung (S. 170), Andeutung von körperlicher Gewalt (S. 170), Abwarten (S. 171)
- X-Ray stellt es so dar, als würde Stanley sich für etwas Besseres halten, und verschärft so den Konflikt (S. 167 f., S. 170). Deo versucht, Zickzack zu besänftigen (S. 170). Zero würgt Zickzack (S. 171).

Kreativ aktiv

Keine Macht dem Mobbing
Stanley ist in der Schule und im Camp diskriminierendes Verhalten widerfahren. Hier entwickeln die Schüler eine Anti-Mobbing-Vereinbarung für einen wertschätzenden Umgang miteinander.

Arbeitsaufträge:
- Formuliert eine Positiv-Liste gegen Mobbing.
- Gestaltet euer Ergebnis als Plakat, das die Jungen aus Zelt D im Gemeinschaftsraum aufhängen könnten.

Mögliche Stichpunkte für die Lösung:
freie Meinungsäußerung; Lob und Kritik anbringen; Freundschaften schließen und aufrechterhalten; Recht auf Schutz in Familie, Schule, Freizeit, Peergroups und Medien; Recht auf Schutz vor diskriminierenden Worten, Gesten oder Handlungen; Recht auf Schutz vor Ausbeutung; Recht auf Schutz vor körperlicher oder seelischer Gewalt

Geschichten in der Geschichte

Der Roman enthält nicht nur die Handlung um Stanley, sondern erzählt auch von seinem Ururgroßvater und vom Leben der Banditin Kissin' Kate, die Stanleys Urgroßvater überfallen hat. Die scheinbar unverbundenen Geschichten in der Geschichte führt der Erzähler im Laufe des Romans zusammen. Dabei zeigt sich: Die Figuren sind miteinander verknüpft.

1. Notiere mithilfe der Stammbäume auf den Zeilen darunter, wodurch die Figuren verbunden sind.

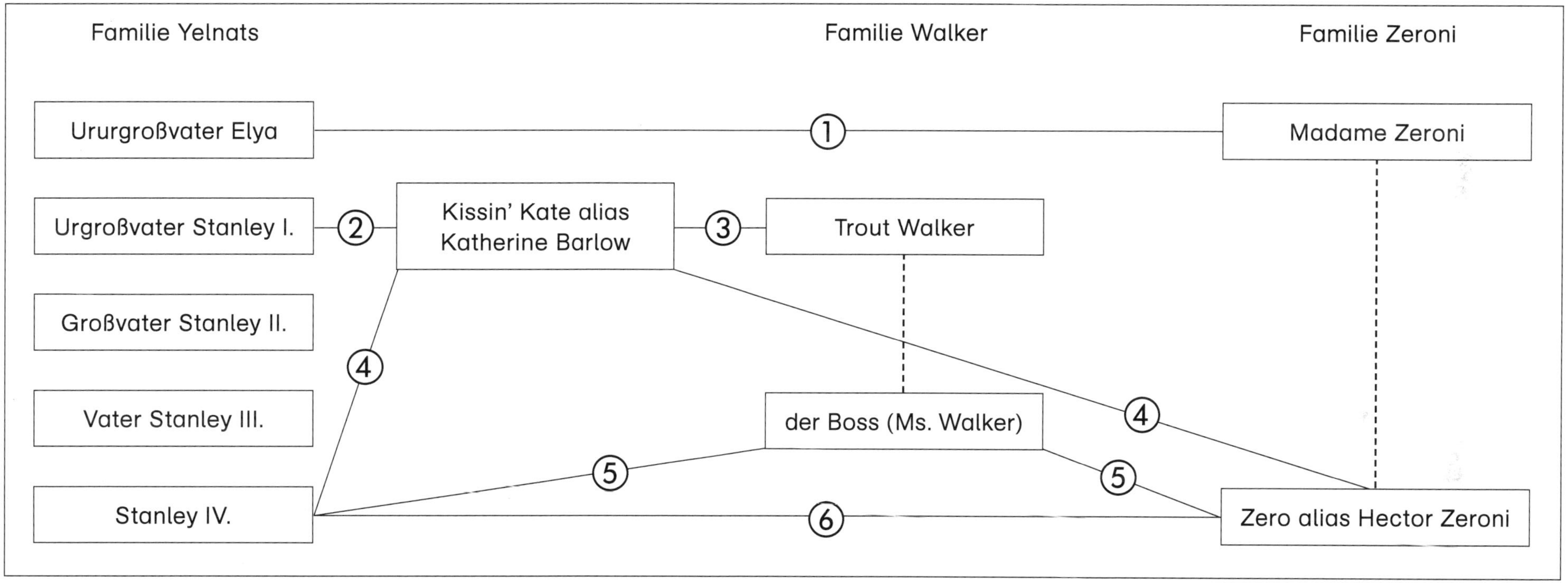

① ______________________ ② ______________________ ③ ______________________

④ ______________________ ⑤ ______________________ ⑥ ______________________

2. Der Handlungsverlauf ist von mehreren Rückblenden gekennzeichnet. Warum wählt der Autor wohl dieses Stilmittel?

Machtmissbrauch

Drei Erwachsene erteilen im Camp die Anweisungen.

1. Charakterisiere die Chefin und Mr. Sir mit jeweils drei Eigenschaften.

die Chefin: ______________________________

Mr. Sir: ______________________________

2. Mr. Pendanski verhält sich zwiespältig. Auf welcher Seite steht er? Begründe deine Antwort anhand der beiden Textstellen.

„Wir lachen nicht über die Träume der anderen.“ (S. 75)
„Ich wusste immer schon, dass er blöd ist.“ (S. 180)

____

____

____

____

____

3. Vergleiche die drei Aufsichtspersonen miteinander. Nenne zwei Gemeinsamkeiten.

____

4. Die drei Erwachsenen missbrauchen ihre Macht.

a) Ergänze die folgenden Schlagwörter durch ein passendes Zitat aus dem Roman in deinem Heft. Lies dazu die Seiten 135/136 und 174 bis 177.

SCH**I**KANE | AUS**G**RENZUNG | A**B**WERTUNG | DR**O**HUNG

BELEIDIGUNG | DE**M**ÜTIGUNG | **N**ACHSTELLUNG

b) Bringe die fett gedruckten Buchstaben der Schlagwörter aus Aufgabe 3a in die richtige Reihenfolge. Wie lässt sich die Gewalt mit einem Begriff zusammenfassen?

____

Medienverbindende Arbeit

In der zunehmend digitalisierten Lebenswelt ist Medienerziehung eines der zentralen Bildungsziele der Schule. Die Kopiervorlagen in diesem Abschnitt führen die Jugendlichen exemplarisch an einen kompetenten Umgang mit verschiedenen Medien heran. Sie beschäftigen sich mit den Unterschieden von Buch und Film sowie mit der Frage, wo die Stärken und Grenzen beider Medien liegen. Je nach Aufmerksamkeitsspanne Ihrer Schüler und medialer Infrastruktur Ihrer Schule präsentieren Sie den Film ganz oder ausschnittsweise. Beachten Sie auch die Neugestaltung des Urheberrechts- und Wissensgesellschafts-Gesetzes (UrhWissG) vom 1. März 2018 *(https://www.filme-im-unterricht.de/)*.

Unterrichtsschwerpunkte

- Medieninhalte vergleichen und bewerten
- Zuhörkompetenz schulen
- Märchenmerkmale identifizieren

Zu den Kopiervorlagen

KV Seite 62 **Gleiche Geschichte, andere Bilder**

Teilen Sie begleitend zum Film oder im Anschluss das Arbeitsblatt aus. Aufgabe 1 erfordert hohe Konzentration, um die Filmszenen im Buch zu identifizieren. In Aufgabe 2 kategorisieren die Schüler den Film und begründen ihre Einschätzung. Für Aufgabe 3 analysieren sie die abweichende Figurengestaltung im Film am Beispiel des Aufsichtspersonals. Abschließend beurteilen die Jugendlichen das Ende von Film und Romanvorlage, indem sie die Leistungen des jeweiligen Mediums herausarbeiten.

Ergänzend dazu eignet sich der Gesprächs- und Schreibanlass „Bleibende Eindrücke“ (siehe S. 60).

Einen weiterführenden Unterrichtsvorschlag zum Thema „Eine Filmrezension verfassen“ finden Sie in der Rubrik „Kreativ aktiv“ (siehe S. 61).

Lösung

Aufgabe 1:

Inhalte aus dem Film	Buch
Auf der Busfahrt zum Camp nimmt Stanley eine Gestalt am Wegrand wahr. (00:05:28)	
Kissin' Kate Barlow überfällt Stanleys Urgroßvater und raubt ihn aus. (00:14:40)	X
Stanley findet eine Lippenstifthülse. Pendanski übergibt der Chefin das Fundstück, woraufhin sie es küsst. (00:36:22–00:41:32)	
Trout Walker sieht, wie sich Katherine und Sam küssen. (00:47:48)	
Katherine verfolgt vom Ufer aus, wie Sam auf seinem Boot erschossen wird. (00:50:10)	
Stanley sieht im Büro der Chefin alte Zeitungsausschnitte der Raubzüge von Kissin' Kate Barlow an der Wand hängen. (00:55:35)	
Zero schlägt Pendanski mit der Schaufel nieder und flieht aus dem Camp. (01:07:48)	X
Stanley flieht ebenfalls und trifft Zero in der Wüste. Sie laufen zum Großen Daumen. Als Zero zu schwach ist, trägt Stanley ihn auf den Berg und löst den Fluch auf. (01:12:15–01:25:00)	X
Kate greift nach einer Eidechse und lässt sie zubeißen. (01:31:59)	
Ms. Morengo will mit Stanley das Camp verlassen. Die Chefin verlangt die Öffnung der Truhe. Stanley antwortet ironisch: „Pardon?“ (01:42:40)	
Stanleys Vater knackt zu Hause das Schloss. (01:43:32)	X
Stanley und Zero kaufen sich große Häuser und wohnen fortan nebeneinander. (01:45:23)	
Im Werbespot des Produkts gegen Fußschweiß von Stanleys Vater erscheint das Firmenzeichen „K. B. Industries“. (01:46:17)	

Aufgabe 2:

Genre „Abenteuer“: spannungsgeladene Szenen und kontinuierlicher Spannungsaufbau

Genre „Western“: zeitverzögernde Gestaltungselemente (z. B. Schnitt, Montage) und Western-/Country-Musik

Aufgabe 3:

a)

- Ms. Walker: Die Chefin will erfahren, was sich in der Truhe befindet. Stanley verwehrt ihr dieses Wissen. Das Machtverhältnis hat sich umgekehrt. Der Film zeigt deutlich, dass die Chefin eine Niederlage erleidet. (01:42:40)

- Mr. Sir: Der Attorney General identifiziert Mr. Sir als einen gesuchten Kriminellen. Mr. Sir wird daraufhin verhaftet. (01:40:45)
- Pendanski: Der Betreuer erscheint im Film intelligent, da er sich in allen Belangen auskennt. Deshalb hat er wohl einen Doktortitel, der diese Tatsache unterstreicht. Mr. Sir gibt am Ende jedoch preis, dass sein Kollege kein Arzt ist. Es wird deutlich, dass Pendanski nicht klüger ist als die anderen. Als er nicht aufpasst, stürzt er in ein Loch. (01:35:55)

b) Durch die Figurengestaltung im Film heben Regisseur und Drehbuchautor deutlicher hervor, dass die Aufsichtspersonen im Camp Verbrecher sind (z. B. 01:40:45). Im Buch bleiben die Konsequenzen für die Mitarbeiter eher allgemein gehalten (S. 291). Der Film greift diese Leerstelle auf und bietet dem Zuschauer das fehlende Identifikationsangebot an.

Aufgabe 4:
Im Buch ist der Schluss emotionaler. Er endet mit dem Mondlied. Dadurch stellt der Erzähler den Bezug zum Romananfang her (S. 13) und rundet die Geschichte ab. Die Szene mit Zero und seiner Mutter vermittelt dem Leser das Gefühl, dass jetzt alles in Ordnung ist.

Im Film liegt der Fokus am Ende auf dem luxuriösen und vergnüglichen neuen Leben der Hauptfiguren. Angelehnt an die Romanvorlage sagt Stanley aus dem Off: „Die verbleibenden Löcher werdet ihr selbst füllen müssen." Im Abspann wiederholt Zero den Fluch seiner Vorfahrin Madame Zeroni und lacht in die Kamera (01:52:13). Er spricht den Zuschauer direkt an. Der Abenteuercharakter des Films wird noch einmal unterstrichen. Außerdem bietet diese Einstellung eine Anknüpfungsmöglichkeit für eine filmische Fortsetzung.

KV Seite 63

Augen und Ohren auf!

Dieses Arbeitsblatt thematisiert die musikalische Ausgestaltung des Films. In Aufgabe 1 trainieren die Schüler an einem ausgewählten Musikstück ihre auditive Wahrnehmung. Sie suchen sich selbst ein Lied aus. Bei Schülern mit Unterstützungsbedarf nennen Sie ein Musikstück. Geeignete Sequenzen finden Sie in der Lösung. Sie können die Lieder auch einzeln über „Youtube" aufrufen und anhören (Suchbegriff: Soundtrack Holes). Zur Bearbeitung von Aufgabe 2 sollten die Jugendlichen den Film in voller Länge kennen. Sie entscheiden am konkreten Inhalt, welche Stimmung durch die musikalische Ausgestaltung angesprochen wird.

Lösung
Aufgabe 1:
z. B. Gewählte Szene: Stanleys Fahrt ins Camp (Eels, „Eyes Down")
Tempo: + +, Lautstärke: +
Wirkung der Musik: ☒ fröhlich ☒ mitreißend

Geeignete Sequenzen:

00:00:00 – 00:01:00	Einführung in die Filmhandlung
00:05:00 – 00:06:00	Stanleys Fahrt ins Camp
00:14:44 – 00:15:26	Überfall des Urgroßvaters durch Kissin' Kate Barlow
00:16:16 – 00:17:32	Marsch der Jungen zum Loch
00:18:00 – 00:23:12	Geschichte des Ururgroßvaters
00:37:50 – 00:38:30	Übergabe des Röhrchens an „Durchblick" / Versorgung der Jungen mit Wasser
00:38:55 – 00:39:48	Besuch vom Boss
00:41:20 – 00:42:08	Weiterarbeit unter Aufsicht von Mr. Sir und dem Boss
00:42:45 – 00:44:50	Begegnung von Katherine und Sam
00:46:40 – 00:48:08	Katherines und Sams Liebesgeständnis
00:48:49 – 00:50:30	Trouts Rache
00:52:38 – 00:53:25	Verhängnisvolle Sonnenblumenkerne
01:00:18 – 01:01:15	Katherines Verwandlung
01:12:15 – 01:13:40	Stanleys Flucht
01:18:00 – 01:18:15	Der Große Daumen
01:18:15 – 01:19:17	Der Weg zum Großen Daumen
01:21:08 – 01:22:30	Stanley trägt Zero
01:41:40 – 01:43:15	Regen im Camp
ab 01:45:36	Das Ende der Geschichte

Aufgabe 2:

- Aufbruchsstimmung: z. B. Stanleys Fahrt ins Camp, Katherines Verwandlung, Der Weg zum Großen Daumen
- Freude: z. B. Regen im Camp, Das Ende der Geschichte
- Sehnsucht: z. B. Katherines und Sams Liebesgeständnis
- Schmerz und Trauer: z. B. Trouts Rache, Stanley trägt Zero

KV Seite 64

Einfach märchenhaft?

Nutzen Sie zum Einstieg in die Unterrichtsstunde den Gesprächsanlass „Vertauschte Märchentitel" (siehe S. 60). Die Schüler greifen auf ihr Vorwissen zurück und nennen die bekannten Titel. Wiederholen Sie im Plenum die typischen Merkmale von Märchen, bevor Sie zum Arbeitsblatt überleiten. Hier untersuchen die Jugendlichen die Lektüre und die Verfilmung anhand von Aussagen, die im Zusammenhang mit Märchen stehen. Sie erläutern ihre Wahl, indem sie sich auf passende Textstellen beziehen. Diese Aufgabe bietet sich sowohl zur mündlichen als auch zur schriftlichen Bearbeitung an. Zum Abschluss entscheiden die Schüler, ob sich der Roman der Gattung „Märchen" zuordnen lässt.

Vertiefend eignet sich der Schreibanlass „Nach Sprichwörtern erzählen" (siehe S. 60). In der Rubrik „Kreativ aktiv" finden Sie außerdem den analytischen und kreativen Unterrichtsvorschlag „Botschaften ohne Worte", der das Thema abrundet (siehe S. 61).

Lösung

Aufgabe 1:

a) Die märchenhafte Geschichte des Ururgroßvaters beginnt …
☒ nicht mit der klassischen Formel „Es war einmal …".
Erzähler und Regisseur stellen die Figuren ohne Einleitung vor.

b) Die Handlung von Roman und Film spielt …
☒ an einem bestimmten Ort.
☒ zu einer bestimmten Zeit.
In Buch und Film wird Lettland als Herkunft des Ururgroßvaters genannt. Der genaue Zeitpunkt ist nicht festgelegt. Da die Lehrerin Katherine aber vor mehr als hundert Jahren zur Banditin Kissin' Kate wird und den Urgroßvater ausraubt, lässt sich das zeitliche Fenster ungefähr erschließen. Stanleys Aufenthalt spielt in der nicht näher definierten Gegenwart im Staat Texas (USA).

c) Die Namen der Figuren …
☒ beschreiben eine typische Eigenschaft.
☒ sind Eigennamen.
Nahezu alle Figuren werden mit einem Eigennamen vorgestellt. Die Spitznamen der Jungen aus dem Camp weisen ihnen bestimmte Eigenschaften zu. Leser und Zuschauer bauen so eine engere Beziehung zu den Akteuren auf.

d) Die Figuren haben einfache, aber gegensätzliche Eigenschaften:
☒ dumm und schlau ☒ gut und böse
In der märchenhaften Geschichte um Stanleys Ururgroßvater trifft der gutherzige Elya auf die Wahrsagerin Madame Zeroni. Im Film wird sie bedrohlich dargestellt, im Kern hat sie aber gute Absichten. Sie möchte, auch wenn sie von der Heirat nicht überzeugt ist, Elya in seinem Vorhaben unterstützen und schenkt ihm ein Schwein. Elya verhält sich schlau, indem er die Aufgabe anfänglich gewissenhaft erfüllt und sich am Ende gegen die Heirat entscheidet. Myra wird eher dümmlich dargestellt. Madame Zeroni zeigt sich jedoch verärgert, als Elya sein Versprechen nicht hält, und spricht den Fluch aus. In der Gegenwart bricht Stanley den Bann zwar, ist aber noch den Folgen ausgesetzt. Im Camp steht der „gute" Stanley den „bösen" Aufsehern gegenüber.

e) Die Hauptfigur muss …
☒ drei Aufgaben erfüllen.
Elya soll drei Aufgaben erfüllen, damit sein Schwein den Wettbewerb gewinnt und er Myra heiraten kann: Er muss das Tier jeden Tag auf den Berg tragen, es aus der Quelle trinken lassen und ihm das „Schweinelied" vorsingen. Später übernimmt Stanley unwissentlich diese Aufgaben.

f) In Roman und Film geschehen …
☒ alltägliche, wundersame und magische Dinge.
Es gibt einen Fluch, der über Jahrzehnte innerhalb der Familie weitergegeben wird. Zero findet unter dem Boot „Mary Lou" Zuflucht. Dort entdeckt er die Pfirsiche, die Sam auf seinem Boot gelagert hat. Zero geht es immer schlechter, sodass Stanley ihn auf den Berg trägt. Auf dem Großen Daumen stillen sie ihren Durst mit Wasser und ihren Hunger mit Zwiebeln. Der Geruch der Zwiebeln wiederum bewahrt sie später vor dem Biss der Eidechsen. Es passiert aber auch viel Alltägliches und die Figuren werden realistisch dargestellt.

g) Folgende Zahl spielt eine wichtige Rolle:
☒ drei
Elya und Stanley müssen drei Aufgaben erfüllen. Drei Nahrungsmittel – Pfirsiche, Zwiebeln, Wasser – ermöglichen Stanley und Zero das Überleben in der Wüstenregion. Drei Aufsichtspersonen spielen ihre Macht im Camp aus. Das Motiv „auf den Berg gehen" kommt dreimal vor: Elya bringt das Schwein (mehrmals) auf den Berg, damit es wächst. Der Urgroßvater rettet sich nach dem Überfall auf den Großen Daumen. Stanley trägt Zero auf den Berg.

h) Diese Tiere erscheinen wundersam:
☒ Schwein ☒ Eidechsen
Elyas Schwein wächst durch Madame Zeronis Methode innerhalb von zwei Monaten so sehr, dass er den Wettbewerb fast für sich entscheiden kann. Die Eidechsen sind ebenfalls wundersam. Sie tauchen erst in der Gegend

auf, nachdem der See ausgetrocknet ist. Ihr Gift ist tödlich. Schon zu Sams Lebzeiten haben sie Menschen, deren Blut nach Zwiebeln riecht, gemieden. In der Gegenwart verhalten sich die Eidechsen ebenso. Die Zwiebeln, die Stanley und Zero auf dem Großen Daumen gegessen haben, halten die Tiere davon ab, zuzubeißen. Roman und Film beschreiben das Äußere der Eidechsen unterschiedlich: Im Film gleichen sie eher einer Drachenfigur aus dem Fantasy-Genre.

i) Folgende Dinge spielen im Roman und im Film eine besondere Rolle:
☒ Boot ☒ Zwiebeln
☒ Wasser ☒ Pfirsiche
Schon zu Beginn ist das Boot ein wichtiges Symbol: Es bringt den Ururgroßvater, der aus Liebeskummer seine Heimat verlassen möchte, nach Amerika. Zuvor hat er das Schwein mit Wasser aus der Quelle versorgt und auch Madame Zeroni wollte daraus trinken. Katherine Barlow trifft auf Sam, der mit seinem Boot zur Zwiebelernte fährt und im Gegenzug für seine Reparaturen Pfirsiche bekommt. Stanley trifft auf die gleichen Dinge: Das Boot dient Zero und ihm als erster Zufluchtsort. Dort findet Zero eingemachte Pfirsiche, die er mit Stanley teilt. Stanley versorgt seinen Freund auf dem Großen Daumen mit Wasser und Zwiebeln.

j) Am Schluss siegt …
☒ das Gute.
Stanley hat die Möglichkeiten genutzt, die ihm Camp Green Lake eröffnet hat. Er hat sich auf die Heldenreise begeben, das Schicksal beeinflusst und zu seinen Gunsten verändert. Das Lager wird geschlossen und zu einem „guten" Ort umgestaltet.

k) „Löcher" und „Das Geheimnis von Green Lake" enden …
☒ nicht mit der klassischen Formel „Und wenn sie nicht gestorben sind, …".
Das Buch endet mit dem Mondlied. Im Film erzählt Stanley aus dem Off und schließt mit den Worten: „Die verbleibenden Löcher werdet ihr selbst füllen müssen." Dieser Satz greift ein Hauptmotiv der Geschichte auf und hat dadurch auch etwas Formelhaftes.

Aufgabe 2:
Der Roman enthält klassische und moderne Märchenelemente. Überwiegend ist die Handlung aber realistisch angelegt, insbesondere in Stanleys Geschichte. Eine klare Zuordnung zur Gattung „Märchen" ist deshalb nicht möglich.

Gesprächs- und Schreibanlässe

Bleibende Eindrücke
Regen Sie eine Diskussion über den Film an. Vorab ist es hilfreich, wenn die Schüler folgende Satzanfänge für sich vervollständigen. Durch die unterschiedlichen Lösungen findet ein Austausch über die verschiedenen Facetten des Films statt (z. B. Inhalt, Schauspieler, Kamera, Ton/Musik). Visualisieren Sie die Impulse im Klassenzimmer.

- Besonders beeindruckt hat mich die Szene, in der …
- Auf mich wirken die Figuren glaubwürdig, weil …
- Auf mich wirken die Figuren nicht glaubwürdig, weil …
- Um den Film zu verstehen, ist es notwendig …
- Um den Film zu verstehen, ist es nicht notwendig …

Vertauschte Märchentitel
Präsentieren Sie den Schülern zu Beginn verschiedene falsch zusammengesetzte Märchentitel.

Arbeitsauftrag:
Die folgenden Märchentitel sind durcheinandergeraten. Nenne die neun richtigen Titel.

vertauschter Märchentitel	Lösung
Aschenkäppchen	Aschenputtel
Der Wolf und Hänsel	Der Wolf und die sieben Geißlein
Rumpelputtel	Rumpelstilzchen
Dornstilzchen	Dornröschen
Hans im Stern	Hans im Glück
Rotröschen	Rotkäppchen
Glückstaler	Sterntaler
Frau Gretel	Hänsel und Gretel
Holle und die sieben Geißlein	Frau Holle

Nach Sprichwörtern erzählen
Ein Sprichwort ist ein kurzer, einprägsamer Satz, der meist eine Lebensweisheit, eine Erfahrung, ein Urteil, eine Warnung oder einen Verhaltenshinweis enthält. In Anlehnung an das Erzählen persönlicher Erlebnisse verbunden mit fantastischen Elementen verfassen die Schüler einen Text zu einem Sprichwort, um ihre Erzählkompetenz zu erweitern. Aktivieren Sie zunächst das Vorwissen (siehe „Erläuterung des Arbeitsauftrags" auf S. 61).

Arbeitsauftrag:
Wähle eines der folgenden Sprichwörter aus und erzähle eine passende Geschichte aus dem Roman oder der Verfilmung.

- Wer andern eine Grube gräbt, fällt selbst hinein.
- Gut Ding will Weile haben.
- Jeder ist seines Glückes Schmied.
- Ohne Fleiß kein Preis.
- Lügen haben kurze Beine.
- Ein Unglück kommt selten allein.

Erläuterung des Arbeitsauftrags:
Das Sprichwort nimmst du als Überschrift für deine Erzählung. Wähle nun eine passende Situation aus dem Roman oder der Verfilmung, auf die das Sprichwort zutrifft. Die Einleitung beantwortet die wichtigsten W-Fragen und führt zum Hauptteil. Dieser besteht aus mehreren Erzählschritten und mündet mithilfe von Spannung in den Höhepunkt der Erzählung. Verwende eine abwechslungsreiche Sprache und gib die Gefühle und Gedanken der Person auch in der wörtlichen Rede wieder. Das Sprichwort kommt im Schlussteil noch einmal wörtlich vor.

Kreativ aktiv

Eine Filmrezension verfassen

Nachdem die Schüler den Film gesehen haben, formulieren sie ihre Eindrücke in einer Filmrezension.

Arbeitsauftrag:
Schreibe eine Filmrezension. Berücksichtige folgende Fragestellungen:

- Worum geht es in dem Film?
- Welche Unterschiede lassen sich zwischen Buch und Film finden?
- Wie beurteilst du den Film?

Folgende Formulierungshilfen unterstützen die Schüler bei ihrem Schreibauftrag:

- Der Film „Das Geheimnis von Green Lake“ basiert auf der Romanvorlage „Löcher“. In der Verfilmung geht es wie im Buch um …
- Die beiden ergreifendsten Szenen sind …, weil …
- Die beiden traurigsten Szenen sind …, weil …
- Der Roman ist …, während der Film …
- Alles in allem ist der Film …

Botschaften ohne Worte

Bei dieser Aufgabe übersetzen die Schüler ein märchenhaftes Handlungselement des Romans in Pantomime. Dazu nutzen sie Mimik, Gestik, Bewegung und Körpersprache. Die Jugendlichen bilden Zweiergruppen und notieren zunächst mithilfe des zuvor bearbeiteten Blatts „Einfach märchenhaft?“ einen Text mit dem Titel „Löcher – ein modernes Märchen?“. Danach trägt ein Schüler den Text vor. Der andere stellt den Inhalt pantomimisch dar.

Arbeitsaufträge:

- Verfasst einen Text mit dem Titel „Löcher – ein modernes Märchen?“. Bezieht die Ergebnisse auf eurem Arbeitsblatt in eure Überlegungen ein.
- Stellt die Handlung passend zum Vortrag des Erzählers pantomimisch dar.

Altersgemäß?

Die Altersfreigabe von Medien unterliegt gesetzlichen Vorgaben (§ 14 JuSchG). Buchverlage hingegen unterliegen keiner Gesetzespflicht, sprechen aber meist Altersempfehlungen aus. Um sich über Altersbeschränkungen beim Medium Film zu informieren, bietet sich ein Besuch der Homepage der Initiative „SCHAU HIN!“ an *(https://www.schau-hin.info/sicherheit-risiken/fsk-alterskennzeichen-fuer-filme)*.

Arbeitsaufträge:

- Das Buch soll Jugendliche ab zwölf Jahren ansprechen. Ist diese Altersangabe gerechtfertigt? Begründe deine Meinung.
- Die DVD ist mit „FSK ab 6“ gekennzeichnet. Was hältst du von dieser Empfehlung?

Gleiche Geschichte, andere Bilder

Die filmische Adaption „Das Geheimnis von Green Lake“ übernimmt zahlreiche Szenen aus dem Roman, verändert sie an einigen Stellen aber auch.

1. Lies die Inhalte aus dem Film. Kreuze an, welche davon im Buch vorkommen.

Inhalte aus dem Film	Buch
Auf der Busfahrt zum Camp nimmt Stanley eine Gestalt am Wegrand wahr.	
Kissin' Kate Barlow überfällt Stanleys Urgroßvater und raubt ihn aus.	
Stanley findet eine Lippenstifthülse. Pendanski übergibt der Chefin das Fundstück, woraufhin sie es küsst.	
Trout Walker sieht, wie sich Katherine und Sam küssen.	
Katherine verfolgt vom Ufer aus, wie Sam auf seinem Boot erschossen wird.	
Stanley sieht im Büro der Chefin alte Zeitungsausschnitte der Raubzüge von Kissin' Kate Barlow an der Wand hängen.	
Zero schlägt Pendanski mit der Schaufel nieder und flieht aus dem Camp.	
Stanley flieht ebenfalls und trifft Zero in der Wüste. Sie laufen zum Großen Daumen. Als Zero zu schwach ist, trägt Stanley ihn auf den Berg und löst den Fluch auf.	
Kate greift nach einer Eidechse und lässt sie zubeißen.	
Ms. Morengo will mit Stanley das Camp verlassen. Die Chefin verlangt die Öffnung der Truhe. Stanley antwortet ironisch: „Pardon?“	
Stanleys Vater knackt zu Hause das Schloss.	
Stanley und Zero kaufen sich große Häuser und wohnen fortan nebeneinander.	
Im Werbespot des Produkts gegen Fußschweiß von Stanleys Vater erscheint das Firmenzeichen „K.B. Industries“.	

2. Welchem Genre lässt sich der Film zuordnen? Begründe.

3. Regisseur Andrew Davis zeichnet mithilfe von Louis Sachars Drehbuch die Figuren Ms. Walker, Mr. Sir und Pendanski anders als im Roman. Schreibe in dein Heft.

a) Nenne für jede der drei Filmfiguren eine Besonderheit.
b) Welche Absichten verfolgen Regisseur und Drehbuchautor damit?

4. Das Filmende und die letzten Worte im Roman weichen voneinander ab. Welche Vorteile ergeben sich durch diese unterschiedliche Akzentuierung? Argumentiert.

Augen und Ohren auf!

Filmmusik verstärkt die Handlung von „Das Geheimnis von Green Lake“ und beeinflusst die Wahrnehmung des Zuschauers. Ob instrumental oder vokal – die musikalische Ausgestaltung muss stimmig sein.

1. Wähle eine Szene aus dem Film und kreuze deine Höreindrücke an.

Gewählte Szene: ______________________________

	– –	–	0	+	+ +	
Tempo: adagio (langsam)						Tempo: allegro (schnell)
Lautstärke: piano (leise)						Lautstärke: forte (laut)

Wirkung der Musik:

☐ traurig ☐ ruhig ☐ langweilig ☐ fröhlich ☐ mitreißend ☐ aggressiv

2. Musik spricht den Zuschauer emotional an. Nenne je eine Sequenz aus dem Film, deren musikalische Untermalung zu den Stimmungen passt.

Aufbruchsstimmung

____

____

Freude

____

____

Sehnsucht

____

____

Schmerz und Trauer

____

____

Einfach märchenhaft?

Märchen sind erfundene Geschichten und vermischen Natürliches mit Fantastischem. Wie ist das in deiner Lektüre und in der Verfilmung?

1. Kreuze die richtigen Antworten an. Erläutere deine Entscheidung.

a) Die märchenhafte Geschichte des Urgroßvaters beginnt …
- ☐ mit der klassischen Einleitungsformel „Es war einmal …".
- ☐ nicht mit der klassischen Formel „Es war einmal …".

b) Die Handlung von Roman und Film spielt …
- ☐ an einem bestimmten Ort.
- ☐ irgendwo.
- ☐ zu einer bestimmten Zeit.
- ☐ irgendwann.

c) Die Namen der Figuren …
- ☐ beschreiben eine typische Eigenschaft.
- ☐ sind Eigennamen.
- ☐ sind allgemeine Bezeichnungen.

d) Die Figuren haben einfache, aber gegensätzliche Eigenschaften:
☐ groß und klein ☐ dumm und schlau ☐ arm und reich ☐ gut und böse

e) Die Hauptfigur muss …
☐ eine Aufgabe erfüllen. ☐ drei Aufgaben erfüllen.

f) In Roman und Film geschehen …
☐ alltägliche Dinge. ☐ alltägliche, wundersame und magische Dinge.

g) Folgende Zahl spielt eine wichtige Rolle:
☐ eins ☐ zwei ☐ drei ☐ vier ☐ fünf ☐ sechs ☐ sieben

h) Diese Tiere erscheinen wundersam:
☐ Schwein ☐ Eidechsen ☐ Klapperschlangen ☐ Skorpione

i) Folgende Dinge spielen im Roman und im Film eine besondere Rolle:
☐ Boot ☐ Zwiebeln ☐ Wasser ☐ Pfirsiche

j) Am Schluss siegt …
☐ das Schlaue. ☐ das Böse. ☐ das Übernatürliche. ☐ das Gute.

k) „Löcher" und „Das Geheimnis von Green Lake" enden …
- ☐ mit der klassischen Schlussformel „Und wenn sie nicht gestorben sind, …".
- ☐ nicht mit der klassischen Formel „Und wenn sie nicht gestorben sind, …".

2. Begründe, ob der Roman „Löcher" der Gattung „Märchen" zuzuordnen ist.